AF650867

Ralph Waldo Emerson

Das Lachen der Erde

Ralph Waldo Emerson

Das Lachen der Erde

Essays für ein gutes Leben

Übersetzt von Gustav Fabricius, Karl Federn, Adolph Holtermann und Thora Weigand

Anaconda

Hinweis: Der Autor hat in wenigen Fällen Begriffe verwendet – *savage* (Wilde), *negro* –, die zu seiner Zeit Alltagssprache waren, heute jedoch als unangemessen gelten und verstören können.

Der Verlag behält sich die Verwertung der urheberrechtlich geschützten Inhalte dieses Werkes für Zwecke des Text- und Data-Minings nach § 44b UrhG ausdrücklich vor. Jegliche unbefugte Nutzung ist hiermit ausgeschlossen.

MIX
Papier | Fördert gute Waldnutzung
FSC® C014496

Penguin Random House Verlagsgruppe FSC® N001967

2. Auflage
© 2023 by Anaconda Verlag, einem Unternehmen
der Penguin Random House Verlagsgruppe GmbH,
Neumarkter Straße 28, 81673 München
produktsicherheit@penguinrandomhouse.de
(Vorstehende Angaben sind zugleich
Pflichtinformationen nach GPSR.)

Umschlagmotiv: Botanical wallpaper, Adobe Stock / sunny_lion
Umschlaggestaltung: Druckfrei. Dagmar Herrmann, Bad Honnef
Satz und Layout: InterMedia – Lemke e. K., Heiligenhaus
Druck und Bindung: GGP Media GmbH, Pößneck
Printed in Germany
ISBN 978-3-7306-1324-5
www.anacondaverlag.de

Inhalt

Natur

Einleitung

Unser Zeitalter ist retrospektiv. Man baut den Vätern Grabmäler. Man schreibt Biografien, Geschichte, Kritiken. Die Geschlechter der Vorzeit schauten Gott und Natur von Angesicht zu Angesicht, wir schauten ihn durch ihre Augen. Warum sollten wir uns nicht gleichfalls eines ursprünglichen Verhältnisses zum Weltall erfreuen? Warum muss unsere Poesie und Philosophie überliefert sein statt intuitiv; warum unsere Religion eine Geschichte der Alten statt einer Offenbarung, die wir empfingen! Eingeschlossen, wie wir sind für ein Weilchen im Busen der Natur, deren Lebensströme um uns herum und durch uns hindurchfließen und uns durch die Kräfte, die sie gewähren, zu naturgemäßer Tätigkeit einladen, warum tappen wir an den dürren Gebeinen der Vergangenheit herum und vermummen die lebendige Generation mit der verblichenen Garderobe der Vorzeit? Auch heute scheint die Sonne. Die Wolle und der Flachs auf den Feldern sind nicht alle geworden. Es gibt neue Länder, neue Menschen, neue Gedanken. Fordern wir denn unsere eigenen Werke und Gesetze und unsere eigene Gottesverehrung. Wir haben ohne Zweifel keine Fragen zu stellen, die unbeantwortbar sind. Wir müssen der Vollkommenheit der Schöpfung so weit vertrauen, dass wir nicht zweifeln an der Möglichkeit, für jede

Art von Wissbegierde, die der Stand der Dinge in uns erweckte, vom Stand der Dinge auch eine Befriedigung erhalten zu können. Die Lage, in der ein Mensch sich befindet, ist eine Antwort in Hieroglyphen auf solche Fragen, die er zu stellen geneigt ist. Erst ist es Handlung und Leben, dann lernt er es als Wahrheit kennen. In gleicher Weise beschreibt die Natur bereits in ihren Formen und Tendenzen ihre eigene Absicht. Wenden wir uns daher an die große Erscheinung, die uns so friedlich umleuchtet. Fragen wir, zu welchem Zweck die Natur da ist.

Alle Wissenschaft hat ein Ziel, nämlich eine Theorie der Natur zu finden. Wir besitzen Theorien von Rassen und Funktionen, aber kaum auch nur eine Annäherung zu einer Idee der Schöpfung. Wir sind jetzt so fern von dem Weg zur Wahrheit, dass die Lehrer der Religion disputieren und sich einander hassen und dass Männer von spekulativer Richtung für ungesund und frivol gehalten werden. Allein dem gesunden Urteil gilt die abstrakteste Wahrheit als die praktischste. Allemal, wenn eine wahre Theorie zutage kommt, wird sie ihren Beweis in sich selbst tragen. Ihre Probe besteht in der Erklärung, die sie für alle Phänomene gibt. Gegenwärtig gelten viele derselben nicht bloß für unerklärt, sondern auch für unerklärlich, wie: Sprache, Schlaf, Träume, Tiere, Geschlecht. Philosophisch betrachtet besteht das Universum aus Natur und Seele. Genau genommen muss daher alles, was von uns getrennt ist, alles, was die Philosophie als das Nicht-Ich bezeichnet, nämlich Natur und Kunst sowohl wie alle anderen Menschen und mein eigener Körper, sich unter diesen Namen reihen: NATUR. Bei der Aufzählung der Naturwerte und ihrer Addition werde ich das Wort in beiderlei Bedeutung gebrauchen, nämlich in seinem gewöhnlichen und in seinem philosophischen Sinne. Bei Untersuchungen so allgemeiner Art wie die unsrige ist diese Ungenauigkeit nicht von großem Belang; eine Konfusion der Gedanken wird nicht statthaben. Das Wort *Natur* im gewöhnlichen Sinn bezieht sich auf Essenzen, die der Mensch nicht verändert hat, wie: Raum, die Luft, der Fluss, das

Blatt. Unter Kunst verstehen wir die Mischung seines Willens mit eben diesen Dingen, wie z. B. in einem Haus, einem Kanal, einer Statue, einem Gemälde. Allein die Operationen des Menschen sind, im Ganzen genommen, so unbedeutend – ein bisschen Schnitzwerk und Backwerk, Flickerei und Tünche –, dass sie bei einem so großartigen Eindruck, als der menschliche Geist von der Welt empfängt, das Resultat nicht ändern.

Kapitel I

Natur

Einsamkeit verlangt, dass wir uns nicht bloß aus der Gesellschaft der Menschen, sondern auch aus unserem Zimmer entfernen. Solange ich lese und schreibe, bin ich nicht einsam, selbst wenn niemand bei mir ist. Wer einsam sein will, der schaue die Sterne an. Die Strahlen, die von jenen himmlischen Welten kommen, werden eine Scheidewand bilden zwischen ihm und gemeinen Dingen. Man möchte sagen, die Atmosphäre sei darum durchsichtig geschaffen, damit der Mensch im Anblick jener Himmelskörper die ewige Gegenwart des Erhabenen genieße. Wie groß sie sind, schaut man sie von der Straße einer Stadt aus! Sollten die Sterne alle tausend Jahre nur eine Nacht hindurch leuchten, wie würden die Menschen glauben und anbeten und von Geschlecht zu Geschlecht das Andenken an die Stadt Gottes bewahren, die ihnen gezeigt wurde. Aber jede Nacht kommen diese Prediger der Schönheit und erleuchten das Weltall mit ihrem mahnenden Lächeln.

Die Sterne erwecken eine gewisse Ehrfurcht, weil sie, obgleich immer gegenwärtig, stets unerreichbar sind; aber alle Naturgegenstände machen einen ganz ähnlichen Eindruck, wenn sich der Geist für ihren Einfluss offen hält. Die Natur hat niemals das Aussehen des Kleinlichen. Auch der weiseste Mensch erzwingt nicht ihr ganzes Geheimnis oder durchschaut ihre ganze Vollkommenheit so sehr, dass er seine Lernbegierde verliert. Dem Weisen wurde die Natur nie zu einem Spielzeug. Die Blumen, Tiere, Berge strahlen alle Weisheit seiner besten Stunden in eben dem Maß zurück, wie sie einst die Einfalt seiner Kindheit ergötzten.

Wenn wir in dieser Weise von der Natur reden, so tragen wir ein deutliches, aber höchst poetisches Gefühl in uns, nämlich die Ganzheit des Eindrucks, den die mannigfaltigen Gegenstände der Natur auf uns machen. Es ist dies, was das Stück Holz des Holzhackers von dem Baum des Dichters unterscheidet. Die reizende Landschaft, die ich diesen Morgen sah, besteht ohne Zweifel aus einigen zwanzig oder dreißig Farmen. Dies Feld gehört dem Miller, jenes dem Locke und das Gehölz dort dem Manning; aber keinem von ihnen gehört die Landschaft. Es gibt ein Eigentum am Horizont, das niemandem gehört, ausgenommen wessen Auge alle Teile zu einem Ganzen vereinen kann, und das ist der Dichter. Es ist dies der beste Teil von den Farmen jener Männer, aber hierauf geben ihnen ihre Landkontrakte kein Anrecht.

Es gibt, aufrichtig gestanden, unter den Erwachsenen wenige, welche die Natur sehen können. Die meisten Menschen sehen die Sonne nicht, wenigstens ist ihr Sehen ein höchst oberflächliches. Das Auge des Mannes wird von der Sonne bloß erhellt, aber dem Kind scheint sie ins Auge und ins Herz hinein. Ein Freund der Natur ist derjenige, dessen innere und äußere Sinne sich noch in treuer Übereinstimmung miteinander befinden, der den Geist seiner Kindheit selbst im Mannesalter bewahrte. Sein Verkehr mit Himmel und Erde macht einen Teil seiner täglichen Nahrung aus. Im Angesicht der Natur durchfließt den Menschen unerachtet seiner wirklichen Schmerzen ein wildes Entzücken. Die Natur sagt, er ist mein Geschöpf und er soll fröhlich mit mir sein, trotz seines impertinenten Grams. Nicht die Sonne oder der Sommer allein, sondern jede Stunde und jede Jahreszeit zahlt ihren Freudentribut; denn jede Stunde und jeder Wechsel entspricht einem verschiedenen Gemütszustand und berechtigt diesen, von der Ruhe und Stille des Mittags bis zur schreckenvollsten Mitternacht. Die Natur ist ein Rahmen, der sich gleich gut für ein Lustspiel und für ein Trauerspiel eignet. Bei guter Gesundheit ist die Luft ein Labsal von unglaublicher Güte. Über ein kahles Gemeindestück wandernd, durch Schneepfützen, in der Dämmerung und unter bedecktem Himmel, bin ich, ohne an ein besonders glückliches Ereignis zu denken, vollkommen fröhlich und heiter gewesen. Fast fürchte ich zu denken, wie fröhlich ich bin. Im Wald wirft der Mensch ebenfalls seine Jahre ab wie die Schlange ihre Haut und ist, in welcher Lebensperiode er sich auch befinden mag, stets ein Kind. Im Wald ist ewige Jugend. In diesen Pflanzungen Gottes herrscht Schicklichkeit und heilige Unschuld, ein immerwährendes Fest ist zugerichtet, und es sieht der Gast nicht, wie er dessen müde werden könnte, und lebte er tausend Jahre. Im Wald kehren wir zur Vernunft zurück und zum Glauben. Dort fühle ich, dass mir nichts im Leben widerfahren kann – keine Schande, kein Unglück –, was die Natur (solange ich meine Augen behalte) nicht wiedergutmachen könnte. Unter freiem Himmel stehend – mein Haupt von der heiteren Luft umspült und aufblickend in den unendlichen Raum –, schwindet alle kleinliche Selbstsucht. Ich werde zu einem durchsichtigen Augapfel. Ich bin nichts. Ich sehe alles. Die Ströme der Weltseele zirkulieren durch mich hindurch. Ich bin ein Teil oder ein Teilchen Gottes. Der Name des nächsten Freundes klingt dann fremd und zufällig. Das Brüder-Sein, Bekannte-Sein, Herr oder Diener, ist dann Nebensache und Störung. Ich liebe eine unbegrenzte, unsterbliche Schönheit. In der Wildnis finde ich etwas Lieberes und Verwandteres als in Städten und Dörfern. In der stillen Landschaft und besonders in der fernen Linie des Horizonts schaut der Mensch ein Etwas, das ebenso schön ist als seine eigene Natur.

Die größte Freude, welche die Felder und Wälder gewähren, ist die Vermutung von einer zwischen Mensch und Pflanze statthabenden geheimen Beziehung. Ich bin nicht allein und unbegrüßt. Die Pflanzen nicken mir zu und ich ihnen. Das Schwanken der Äste im Sturm ist mir neu und alt; es überrascht mich, und doch ist es mir nicht unbekannt; es wirkt auf mich wie ein höherer Gedanke oder eine bessere Regung, die mich überkam, als ich schon glaubte, mein Denken und Tun sei recht und gerecht.

Und doch ist es sicher, dass die Kraft, diese Freude zu erzeugen, nicht in der Natur, sondern im Menschen liegt oder in einer Harmonie zwischen Mensch und Natur. Wir sollten diese Freuden mit großer Mäßigung genießen; denn die Natur ist nicht immer im Festtagsputz. Dieselbe Landschaft, die gestern Wohlgeruch atmete und glitzerte, als wär's zur Belustigung der Nymphen, ist heute mit Schwermut überzogen. Die Natur trägt stets die Farben des Geistes. Für einen Menschen, der in Not und Elend ist, hat selbst die Wärme seines Kaminfeuers etwas Trauriges. Ferner, wer eben einen teuren Freund durch den Tod verlor, fühlt eine gewisse Verachtung für die Landschaft. Der Himmelsbogen ist weniger herrlich in dem Maße, als er sich über weniger Wert in der Bevölkerung herabsenkt.

Kapitel II

Gebrauchsnutzen

Jeder, der die End-Ursache der Welt zum Gegenstand seiner Betrachtung macht, wird eine Menge von Nutzen unterscheiden, die sich seinem Resultat als Teile einfügen. Alle lassen sich in eine der folgenden Klassen bringen: Gebrauchsnutzen, Schönheit, Sprache und Fachgebiet. Unter den allgemeinen Namen Gebrauchsnutzen rechne ich alle jene Vorteile, die unsere Sinne der Natur verdanken. Es ist dies natürlich eine temporäre und mittelbare Wohltat und nicht die letzte, wie diejenige, welche die Seele von der Natur empfängt. Und doch, obgleich keine hohe, ist es eine in ihrer Art vollkommene Wohltat und der einzige Nutzen der Natur, den alle Menschen empfangen. Das Elend des Menschen erscheint als kindischer Mutwille, wenn wir innewerden, welch ein beständiger und verschwenderischer Vorrat für seinen Unterhalt vorhanden und wie sehr auf diesem grünen Erdball, der ihn durch die himmlischen Räume trägt, auch für seine Freude gesorgt wurde. Welche Engel erfanden diese prächtigen Zierden, diese reichen und angenehmen Einrichtungen: über uns diesen Ozean von Luft, unter uns diesen Ozean von Wasser und diese Veste von Land in der Mitte? Diesen Sternenhimmel, dies tropfende Wolkenzelt, diesen gestreiften Mantel von Klimaten, dieses vierfache Jahr? Tiere, Feuer, Wasser, Steine und Getreide dienen dem Menschen. Das Feld ist zugleich sein Fußboden, seine Werkstätte, sein Spielplatz, sein Garten und sein Bett.

> »Mehr Diener warten des Menschen,
> Als er beachtet und merkt.«*

Die Natur ist im Dienst des Menschen nicht bloß das Material, sondern auch der Prozess und das Resultat. Alle Teile arbeiten sich zum Nutzen des Menschen unaufhörlich einander in die Hände. Der Wind sät die Saat; unter den Strahlen der Sonne verdunstet die See; der Wind bläst den Dunst nach dem Feld; das Eis auf der anderen Seite des Planeten verdichtet auf dieser den Regen; der Regen ernährt die Pflanze; die Pflanze ernährt das Tier, und auf diese Weise ernährt der endlose Kreislauf der göttlichen Liebe den Menschen.

Die nützlichen Künste sind nur Nachbildungen oder vom Menschen erfundene neue Kombinationen dieser natürlichen Wohltäter. Er wartet nicht länger auf günstige Winde, sondern verwirklicht durch Dampf die Fabel vom Äolus-Schlauch und

* George Herbert, »Man«

trägt die zweiunddreißig Winde bei sich im Kessel des Dampfschiffes. Um Reibung zu vermindern, belegt er den Weg mit Schienen, steigt in einen Wagen und, wie ein Adler oder eine Schwalbe durch die Luft, so schießt er mit einer Schiffsladung von Menschen, Tieren und Waren im Rücken von Stadt zu Stadt durchs Land. Wie hat sich der Anblick der Welt durch die Anhäufung solcher Hilfsmittel von Noahs Zeit bis auf Napoleon verändert! Man baut Städte, Schiffe, Kanäle, Brücken usw. und jeder Arme und jeder Privatmann hat den Nutzen davon. Er geht auf die Post und das Menschengeschlecht besorgt seine Briefe; er geht zum Buchhändler und das Menschengeschlecht liest und schreibt für ihn über alles, was sich ereignet; er geht nach dem Gerichtshaus und Nationen verhelfen ihm zu seinem Recht; er baut sich ein Haus an der Straße und das Menschengeschlecht kommt jeden Morgen, schaufelt den Schnee fort und macht ihm einen Fußweg. Allein es bedarf zur Beleuchtung dieser Klasse von Nutzen keiner weiteren Aufzählung von Einzelheiten. Der Katalog ist endlos und die Beispiele liegen so sehr auf der Hand, dass ich sie der Reflexion des Lesers überlassen darf; nur die allgemeine Bemerkung füge ich hinzu, dass dieser käufliche Gewinn auf ein anderes und ferneres Gut hinzielt. Der Mensch erhält seine Nahrung, nicht damit er seine Nahrung erhalte, sondern auf dass er arbeite.

Kapitel III

Schönheit

Ein edleres Bedürfnis des Menschen findet Befriedigung in der Natur, nämlich seine Schönheitsliebe.

Die alten Griechen nannten die Welt *kosmos*, Schönheit. Eine solche ist die Beschaffenheit aller Dinge oder das Gestalt gebende Vermögen des menschlichen Auges, dass elementare Formen wie der Himmel, der Berg, der Baum, das Tier uns an und für sich ergötzen – eine Freude, die aus dem Umriss, der Farbe, Bewegung und Gliederung der Dinge hervorgeht. Dies haben wir, wie es scheint, teilweise dem Auge selbst zu verdanken. Das Auge ist der beste Künstler. Der Bau des Auges und die Gesetze des Lichts erzeugen durch ihre gegenseitige Wirkung aufeinander die Perspektive, die jede Masse von Gegenständen, sei sie welcher Art sie wolle, zu einem wohlkolorierten, schattierten und kugelförmigen Ganzen gestaltet, sodass, wo die Gegenstände an sich nichts Anziehendes haben, die Landschaft, die sie bilden, demungeachtet rund und symmetrisch ist. Und wie das Auge das Anordnen am besten versteht, so das Licht das Malen. Nichts ist so widerwärtig, dass es ein hinreichend starkes Licht nicht schön machte, und durch den Reiz, den das Licht auf die Sinne ausübt, sowie durch eine Art Unendlichkeit, die es mit Zeit und Raum gemein hat, erhält alle Materie ein munteres Aussehen. Selbst die Leiche hat ihre eigentümliche Schönheit. Aber außer dieser allgemeinen Anmut, die sich über die ganze Natur ergießt, haben fast alle Formen in ihrer Einzelheit etwas Angenehmes fürs Auge, wie unsere endlosen Anlehnungen von einigen derselben beweisen, z. B. die Eichel, die Traube, der Tannenzapfen, die Weizenähre, das Ei, die Flügel und Gestalt der meisten Vögel, die Klaue des Löwen, die Schlange, der Schmetterling, Seemuscheln, Flammen, Wolken, Knospen, Blätter und die Gestalt vieler Bäume, z. B. der Palme.

Größerer Klarheit halber betrachten wir die Idee der Schönheit unter einem dreifachen Gesichtspunkt.

1. Der bloße Anblick natürlicher Formen ist eine Freude. Der Mensch bedarf des Einflusses der Formen und Tätigkeiten der Natur so sehr, dass selbst in ihren niedrigsten Funktionen die Natur stets etwas Angenehmes und Schönes zu haben scheint. Auf einen Körper oder Geist, der sich unter dem Druck einer schädlichen Arbeit oder Gesellschaft befand, übt die Natur eine

heilkräftige Wirkung aus und stellt die verlorene Elastizität wieder her. Der Kaufmann, der Jurist verlässt den Straßenlärm und sein Gewerbe, sieht den Himmel an und den Wald und ist wieder Mensch. In der ewigen Ruhe des Waldes kommt er wieder zu sich selbst. Die Gesundheit des Auges scheint einen Horizont zu fordern. Wir sind nie müde, solange wir weit genug sehen können.

Aber zu anderen Zeiten befriedigt die Natur unsere Seele ohne alle Beimischung von wohltätigem Einfluss auf den Körper ganz und allein durch ihren Liebreiz. Von dem meinem Haus gegenüberliegenden Hügel aus habe ich den Anblick des grauenden Morgens vom ersten Anbruch des Tages bis zum Aufgang der Sonne mit Regungen verfolgt, daran ein Engel teilhaben könnte. Die langen, schlanken Wolkenstreifen schwimmen wie Fische in dem hochroten Lichtmeer. Von der Erde aus, als dem Ufer, blicke ich hinaus auf jenes schweigende Meer. Es scheint, als hätte ich teil an seinen raschen Verwandlungen; die Zauberwirkung erreicht auch mich, ich dehne mich aus und vereine mich mit dem Morgenwind. Mit wie wenigen und gewöhnlichen Mitteln die Natur uns vergöttert! Gib mir Gesundheit und einen Tag, und den Pomp der Könige mache ich lächerlich. Die Morgendämmerung ist mein Assyrien, der Untergang der Sonne und der Aufgang des Mondes mein Paphos und meine undenkbaren Feenreiche; der helle Mittag soll mein England der Sinne und des Verstandes sein, die Nacht mein Deutschland der mystischen Philosophie und Träume.

Nicht weniger herrlich, nur dass wir des Nachmittags weniger empfänglich sind, war gestern Abend der Liebreiz, den mir ein Januar-Sonnenuntergang gewährte. Die Wolken des Westens teilten sich und teilten sich wieder in rosenfarbene Schäfchen, mit einer Farbenmodulation von unsagbarer Sanftheit, und die Luft hatte so viel Leben und Süßigkeit, dass es einem leidtat, ins Haus zu kommen. Was war's, das die Natur sagen wollte? Lag kein Sinn in der lebenden Ruhe des Tales hinter der Mühle – eine Ruhe, die Homer und Shakespeare mir in Worten nicht wiedergeben könnten? Die blattlosen Bäume werden im Untergang der Sonne zu Flammensäulen, mit dem blauen Osten als Hintergrund; und die Sterne der toten Blumenkelche sowie jeder verwelkte und bereifte Stamm und Stängel liefern ihren Beitrag zu der stummen Musik.

Die Bewohner der Städte glauben, dass die Landschaft auf dem Lande nur die eine Hälfte des Jahres hindurch etwas Angenehmes habe. Ich aber finde Gefallen an der Beobachtung der reizenden und anmutigen Landschaften, die der Winter uns bietet, und glaube, dass selbige ebenso stark auf uns wirken wie die munteren Einflüsse des Sommers. Für das aufmerksame Auge hat jeder Moment des Jahres seine besondere Schönheit, es schaut auf ein und demselben Feld zu jeder Stunde ein Gemälde, das es nie zuvor gesehen und nie wiedersehen wird. Jeden Augenblick verändert sich droben der Himmel, und die Ebenen hier unten strahlen seine Herrlichkeit oder seine Düsternis wider. Das Stadium des auf den umliegenden Farmen wachsenden Getreides gibt der Erde von Woche zu Woche einen anderen Ausdruck. Die Reihenfolge der eingeborenen Pflanzen auf den Weiden und an den Seiten des Weges, welche die schweigende Uhr darstellen, nach welcher die Zeit dem Sommer seine Stunden zumisst, werden dem scharfen Beobachter sogar die Tageszeiten wahrnehmbar machen. Die Klassen der Vögel und Insekten folgen einander wie die Pflanzen pünktlich und zu rechter Zeit, und das Jahr hat Raum für alle. An den Strombetten ist die Verschiedenheit größer. Im Juli blüht die blaue Pontederia oder das Hechtkraut an den seichten Stellen unseres freundlichen Stromes in großer Fülle und wimmelt von gelben, flatternden Schmetterlingen. Die Kunst kann mit einem solchen Gepränge von Purpur und Gold nicht wetteifern. Ja, der Fluss ist in beständiger Gala und rühmt sich jeden Monat eines neuen Schmuckes.

Allein diese Schönheit der Natur, die man als Schönheit schaut und fühlt, ist ihr geringster Teil. Der prunkende Tag, der Morgentau, der Regenbogen, Berge, blühende Obstgärten, Sterne, Mondschein, die Schatten im stillen Gewässer und dergleichen, jagt man zu begierig danach, werden zu bloßen Schaugeprängen und haben uns zum Besten durch ihren Mangel an Realität. Geh aus dem Haus, um den Mond zu sehen, und siehe, es ist nur Flitterstaat, was du siehst! Du hast so nicht deine Freude daran, wie wenn du im Mondschein einen notwendigen Weg zu machen hattest. Die Schönheit, die an den gelben Nachmittagen eines Oktobers erglänzt, wer konnte sie jemals packen? Gehe hin und suche sie, und sie ist fort: Es ist nur Luftspiegelung, wenn du aus den Fenstern des Fleißes schaust.

2. Zu vollkommener Schönheit gehört notwendig die Gegenwart eines höheren und zwar geistigen Elements. Die hohe und göttliche Schönheit, die wir ohne Schöngeisterei lieben können, ist jene, die mit dem menschlichen Willen in Verbindung steht und sich nie davon lostrennt. Schönheit ist der Stempel, den Gott der Tugend aufsetzt. Jede natürliche Handlung ist anmutig. Jede heldenhafte Tat ist zugleich auch schicklich und umhüllt den Platz und die Beistehenden mit Glanz. Große Handlungen lehren uns, dass das Weltall das Eigentum eines jeden darin befindlichen Individuums ist. Jedes vernünftige Wesen besitzt die ganze Natur als Mitgift und Landgut. Sie ist sein, wenn er will. Er mag darauf verzichten; er mag in einen Winkel kriechen und sein Königtum niederlegen, wie die meisten es tun, aber seine natürliche Beschaffenheit berechtigt ihn zum Besitz der Welt. Im Verhältnis zu der Gedanken- und Willenskraft, die er besitzt, nimmt er die Welt in sich hinein. »Alle jene Dinge, um derentwillen die Menschen pflügen, bauen oder zur See gehen, gehorchen der Tugend«, sagte ein alter Geschichtsschreiber. »Wind und Wellen«, sagte Gibbon, »sind immer auf der Seite des geschicktesten Seemanns.« Ebenso die Sonne und der Mond und alle Sterne des Himmels. Wenn eine edle Tat geschehen –

sei's zufällig an einem Ort von großer natürlicher Schönheit: wenn Leonidas und seine 300 Märtyrer einen Tag zum Sterben gebrauchen, und Sonne und Mond kommen nacheinander und werfen einen Blick auf sie im Engpass der Thermopylen; wenn Arnold Winkelried in den Hochalpen unter den Schatten des Gletschers einen Haufen österreichischer Speere sich in die Brust bohrt, um für seine Kameraden die Linie zu brechen; sind nicht diese Helden berechtigt, der Schönheit der Tat die Schönheit des Schauplatzes hinzuzufügen? Wenn die Bark des Kolumbus sich der Küste Amerikas nähert – vor ihm das Ufer besetzt von Wilden, die aus ihren von Rohr gebauten Hütten hervoreilen, hinter ihm die See und ringsum die purpurfarbenen Berge des indischen Archipels –, können wir den Mann absondern von dem lebenden Gemälde? Dient nicht die neue Welt mit ihren Palmenhainen und Savannen der Gestalt des Kolumbus als geziemende Drapierung? Immer stiehlt sich natürliche Schönheit herein wie die Luft und umhüllt große Taten. Als Sir Harry Vane, auf einem Schlitten sitzend, den Tower-Hügel hinaufgeschleppt wurde, um als Verfechter des englischen Rechts den Tod zu erleiden, rief einer aus der Menge ihm zu: »Nie saßest du auf einem so herrlichen Sitz.« Karl II. wollte die Bürger Londons einschüchtern und befahl, dass man den Patrioten Lord Russell auf seinem Weg zum Schafott in einer offenen Kutsche durch die Hauptstraßen der Stadt fahre. »Aber«, um mich der einfachen Erzählung seines Biografen zu bedienen, »die Leute glaubten, sie sähen Freiheit und Tugend an seiner Seite sitzen.« An Privatplätzen, in schmutziger Umgebung, scheint's, als zöge ein Akt der Wahrheit oder des Heroismus sofort den Himmel als seinen Tempel und die Sonne als seine Kerze heran. Die Natur streckt ihre Arme aus, um den Menschen zu umarmen, nur müssen seine Gedanken von gleicher Größe sein. Gern folgt sie seinen Schritten mit der Rose und dem Veilchen und biegt die Linien ihrer Hoheit und Anmut zur Verzierung ihres geliebten Kindes. Nur müssen seine Gedanken gleicher

Ausdehnung fähig sein, und der Rahmen wird dem Gemälde schon passen. Ein tugendhafter Mensch lebt mit ihren Werken im Einklang und bildet die Zentralfigur der sichtbaren Sphäre. Homer, Pindar, Sokrates, Phokion vereinigen sich füglich in unserem Gedächtnis mit der ganzen Geografie und dem Klima Griechenlands. Der sichtbare Himmel und die Erde leiden mit Jesus mit. Und im gewöhnlichen Leben, wer nur immer einen Menschen von kraftvollem Charakter und glücklichem Genius geschaut, wird bemerkt haben, wie leicht er alle Dinge mit sich fortzog – die Personen, die Meinungen und den Tag; und die Natur wurde die Handmagd des Menschen.

3. Es gibt noch einen anderen Gesichtspunkt, unter dem sich die Schönheit der Welt betrachten lässt, nämlich insofern sie ein Gegenstand des Verstandes wird. Außer der Beziehung zur Tugend haben alle Dinge eine Beziehung zum Verstand. Der Verstand erforscht die absolute Ordnung der Dinge, wie sie im Geist Gottes dastehen, frei von den Färbungen des Gefühls. Die intellektuellen und aktiven Kräfte scheinen im Menschen aufeinander zu folgen, und die ungeteilte Tätigkeit der ersteren erzeugt die ungeteilte Tätigkeit der letzteren. Es herrscht eine gewisse Feindseligkeit zwischen beiden, aber sie gleichen den abwechselnden Perioden des Essens und Arbeitens bei Tieren: Das eine ist eine Vorbereitung auf das andere, und das eine wird dem anderen sicherlich folgen. Daher bleibt die Schönheit, die in Bezug auf die Handlungen, wie wir gesehen haben, ungesucht kommt, und kommt, eben weil sie ungesucht ist, für die Wahrnehmung und das Streben des Verstandes, und dann wiederum für die handelnde Kraft. Nichts Göttliches stirbt. Alles Gute ist für immer zeugend. Die Schönheit der Natur erhält im menschlichen Geist eine neue Gestalt, nicht um unfruchtbarer Betrachtungen, sondern um neuer Schöpfungen willen.

Alle Menschen empfangen vom Anblick der Welt einen gewissen Eindruck; einige sogar werden entzückt. Diese Art Schönheitsliebe ist Geschmack. Andere besitzen dieselbe Liebe in so hohem Maß, dass sie, nicht zufrieden mit bloßer Bewunderung, ihre Liebe durch neue Gestalten zu verkörpern suchen. Die Erschaffung der Schönheit ist Kunst.

Die Erzeugung eines Kunstwerks wirft ein Licht auf das Geheimnis der Menschheit. Ein Kunstwerk ist ein Abriss, eine Verkörperung der Welt. Es ist das Resultat oder der Ausdruck der Natur im Kleinen. Denn obgleich die Werke der Natur unzählig sind und alle verschieden, so ist doch das Resultat oder der Ausdruck derselben nur *einer*. Die Natur ist ein Meer von Gestalten, von Grund auf einander ähnlich und sogar gleich. Ein Blatt, ein Sonnenstrahl, eine Landschaft, der Ozean machen einen analogen Eindruck auf den Geist. Was sie alle miteinander gemein haben – jene Vollkommenheit und Harmonie –, ist Schönheit. Der Maßstab der Schönheit ist deshalb der ganze Umkreis natürlicher Formen – die Totalität der Natur, was die Italiener in ihrer Definition der Schönheit mit den Worten »il piu nell' uno« (das viele im einen) ausdrücken. Nichts ist völlig schön allein; alles ist schön im Ganzen. Ein einzelner Gegenstand ist nur insofern schön, als er auf diese universale Anmut hinweist. Der Dichter, der Maler, der Bildhauer, der Musiker, der Architekt suchen ein jeder diese Strahlen der Welt auf einen Punkt zu konzentrieren und ihre Liebe zur Schönheit zu befriedigen, die sie zu produzieren reizte, ein jeder in seinem besonderen Werk. Folglich ist Kunst eine durch den Schmelztiegel des Menschen hindurchgegangene Natur. In der Kunst arbeitet die Natur mittels des von der Schönheit ihrer ersten Werke erfüllten menschlichen Willens.

Die Welt existiert also für die Seele, um das Verlangen nach Schönheit zu befriedigen. Dieses Element in seiner äußersten Ausdehnung nenne ich das Endziel. Man kann nicht fragen, warum die Seele Schönheit sucht; es gibt keinen Grund dafür. Schönheit im weitesten und tiefsten Sinne ist ein Ausdruck für das Universum. Gott ist das All-Schöne. Wahrheit, Güte, Schönheit sind nur verschiedene Gesichter von ein und demselben All.

Die Schönheit in der Natur ist indessen nicht Endzweck. Sie ist der Herold einer inneren und ewigen Schönheit und nicht an sich schon ein solides und befriedigendes Gut. Sie muss deshalb als ein Teil dastehen, nicht aber bereits als der letzte und höchste Ausdruck der End-Ursache der Natur.

Kapitel IV

Sprache

Ein dritter Nutzen, den die Natur dem Menschen bietet, ist der der Sprache. Die Natur ist das Vehikel des Gedankens, und zwar in einem einfachen, zweifachen und dreifachen Grad.

1. Worte sind Zeichen für Naturtatsachen.
2. Besondere Naturtatsachen sind Symbole für besondere geistige Tatsachen.
3. Die Natur ist das Symbol des Geistes.

1. Worte sind Zeichen für Naturtatsachen. Der Nutzen der Naturgeschichte besteht in der Hilfe, die sie gewährt für die Geschichte des Übernatürlichen. Der Nutzen der äußeren Schöpfung liegt in der Sprache, die sie uns verleiht für die Zustände und Wechsel der inneren Schöpfung. Jedes Wort, das man gebraucht, um eine moralische oder intellektuelle Tatsache auszudrücken, erweist sich, wenn man's auf seine Wurzel zurückführt, als der Ausdruck für eine materielle Erscheinung. *Right* (Recht) bedeutet ursprünglich *straight* (gerade), *wrong* (unrecht, verkehrt) bedeutet *twisted* (krumm). *Spirit* (Geist) bedeutet ursprünglich *wind* (Wind); *transgression* (Verstoß) das Übertreten einer Linie; *supercilious* (hochmütig) das Heben der Augenbraue. Wir sagen das Herz, um Gefühl auszudrücken; der Kopf, um Gedanken zu bezeichnen; und Gedanken und Gefühl

sind ihrerseits Wörter, die von sinnlichen Dingen hergenommen wurden und jetzt auf geistige Dinge angewandt werden. Den Prozess, mittels dessen diese Umwandlung vor sich ging, können wir nur selten verfolgen, da die Zeit, in der die Sprache sich bildete, zu fern liegt; aber dieselbe Tendenz lässt sich täglich bei Kindern beobachten. Kinder und Wilde gebrauchen nur Nomina oder Ding-Namen, die sie beständig in Verben verwandeln und auf analoge geistige Handlungen anwenden.

2. Allein dieser Ursprung aller Wörter, die einen geistigen Sinn tragen – eine in der Sprachgeschichte so hervorstechende Tatsache –, ist das Geringste von dem, was wir der Natur verdanken. Nicht Wörter bloß sind emblematisch, sondern auch Dinge sind emblematisch. Jede Naturtatsache ist das Symbol einer geistigen Tatsache. Jede Naturerscheinung entspricht irgendeinem Geisteszustand, und dieser Geisteszustand lässt sich nur dadurch beschreiben, dass man jene Naturerscheinung als Bild dafür gebraucht. Ein wütender Mensch ist ein Löwe; ein listiger Mensch ist ein Fuchs; ein standhafter Mensch ist ein Fels; ein gelehrter Mensch ist eine Fackel. Ein Lamm ist Unschuld; eine Schlange ist Hinterlist; Blumen sind für uns der Ausdruck von Zuneigung. Licht und Dunkelheit sind unsere gebräuchlichen Ausdrücke für Kenntnis und Unwissenheit, und Wärme für Liebe. Sichtbare Entfernung hinter uns und vor uns ist unser jeweiliges Bild für Gedächtnis und Hoffnung.

Wer kann in einer gedankenvollen Stunde einen Fluss anschauen, ohne an das Fließen aller Dinge erinnert zu werden? Wirf einen Stein in den Strom, und die sich verbreitenden Kreise sind der schönste Typus allen Einflusses. Der Mensch ist sich eines Universalgeistes bewusst, der sich innerhalb oder im Rücken seines individuellen Lebens befindet, in dem wie an einem Firmament die Naturen der Gerechtigkeit, der Wahrheit, der Liebe und Freiheit emporsteigen und glänzen. Diesen Universalgeist nennt er Vernunft; sie ist nicht mein oder dein oder sein, sondern wir gehören ihr; wir sind ihr Eigentum und ihre Menschen. Und der blaue Himmel, darin die gesonderte Erde begraben liegt, der Himmel in seiner ewigen Ruhe, voll unvergänglicher Himmelskugeln, ist der Typus der Vernunft. Das, was wir intellektuell betrachtet Vernunft nennen, nennen wir mit Beziehung auf die Natur Geist. Der Geist ist der Schöpfer. Der Geist hat Leben in sich. Und zu allen Zeiten und in allen Ländern verkörpert ihn der Mensch in seiner Sprache als den VATER.

Es lässt sich leicht wahrnehmen, dass diese Analogien nichts Zufälliges und Launenhaftes haben, sondern beständig sind und die ganze Natur durchdringen. Sie sind nicht die Träume einiger weniger Dichter hier oder dort – sondern jeder Mensch analogisiert und sucht bei allen Gegenständen nach Beziehungen. Er steht im Mittelpunkt aller geschaffenen Wesen, und von jedem ihn umgebenden Wesen fällt auf ihn ein Strahl der Beziehung. Und man kann weder den Menschen ohne diese Gegenstände noch diese Gegenstände ohne den Menschen verstehen. Alle Tatsachen der Naturgeschichte haben an und für sich keinen Wert, sondern sind unfruchtbar wie ein einzelnes Geschlecht. Aber vermähle sie mit der Geschichte des Menschen, und sie sind voll Leben. Ganze Floras, alle Bände Linnés und Buffons sind bloß trockene Kataloge von Tatsachen, aber die trivialste derselben – wie die Gewohnheit einer Pflanze, die Organe oder die Arbeit oder das Geräusch eines Insekts –, wenden wir sie zur Erläuterung einer philosophischen Tatsache an oder bringen sie auf irgendeine Weise mit der menschlichen Natur in Verbindung, macht einen sehr lebhaften und angenehmen Eindruck auf uns. Der Samen einer Pflanze – zu welch reizenden Analogien in der Natur des Menschen bedient man sich nicht dieser kleinen Frucht? In jeder Rede bis hin zur Stimme des Paulus, der den menschlichen Körper eine Saat nennt: »Es wird gesäet ein natürlicher Leib, es wird auferstehen ein geistlicher Leib.« Die Bewegung der Erde um ihre Achse und um die Sonne erzeugt den Tag und das Jahr. Dies sind gewisse gedankenlose Massen von Licht und Wärme. Aber weist denn nichts auf eine Analogie zwischen dem menschlichen Leben und den Jahreszeiten hin? Und gewinnen diese nicht an Hoheit und Würde durch diese Analogie? Der Instinkt der Ameise ist als Ameiseninstinkt eine sehr unwichtige Tatsache; aber sobald man dessen Beziehung auf den Menschen wahrnimmt, wird aus dem kleinen Packesel ein Ermahner – ein kleiner Leib mit einem mächtigen Herzen –, dann erhalten alle ihre Gewohnheiten, selbst die, wie es heißt, kürzlich entdeckte, dass sie niemals schläft, etwas Erhabenes.

Diese durchgängige Übereinstimmung zwischen sichtbaren Dingen und menschlichen Gedanken ist der Grund davon, weshalb die Wilden, die nur das Notwendige besitzen, in Bildern reden. Je weiter wir zurückgehen in die Geschichte der Menschheit, desto pittoresker wird die Sprache. In ihrer Kindheit ist sie vollends ganz Poesie, d. h. alle geistigen Tatsachen werden durch Natur-Symbole dargestellt. Es zeigt sich, dass die ursprünglichen Elemente aller Sprachen aus denselben Symbolen bestehen; und man hat beobachtet, dass die Idiome aller Sprachen sich in Passagen von größter Beredsamkeit und Kraft einander sehr nahe kommen. Und wie dies die erste Sprache ist, so ist es die letzte. Diese unmittelbare Abhängigkeit der Sprache von der Natur, diese Verwandlung eines äußeren Phänomens in einen Typus für irgendetwas dem menschlichen Leben Angehöriges verliert nie die ihr eigentümliche Kraft, uns zu ergreifen. Es ist dies, was der Umgangssprache eines urwüchsigen Farmers oder Hinterwäldlers jene Würze gibt, an der sich alle Menschen ergötzen.

Die Natur ist also eine Dolmetscherin, mit deren Hilfe der Mensch sich mit seinem Mitmenschen unterhält. Die Kraft eines Menschen, seinen Gedanken mit dem entsprechenden Symbol zu verbinden und ihn auf diese Weise zu äußern, hängt von der Klarheit seines Charakters ab, von seiner Wahrheitsliebe und dem Wunsch, seinen Gedanken ganz und unverstümmelt mitzuteilen. Der Verdorbenheit des Menschen folgt die Verdorbenheit der Sprache. Wenn die Klarheit des Charakters und die Hoheit der Ideen durch das Vorwiegen sekundärer Wünsche – wie Habsucht, Vergnügungssucht, Herrschsucht, Ehrsucht – Abbruch leidet, so tritt Doppelzüngigkeit und Falschheit an die Stelle von Klarheit und Wahrheit; und die Herrschaft über die Natur als einer Dolmetscherin des Willens geht in einem gewissen Grad verloren; die Erschaffung neuer Bilder hat ein Ende, und die alten Worte werden zur Beschreibung von Dingen missbraucht, die nicht existieren. Man nimmt seine Zuflucht zu Papiergeld, wenn es in den Gewölben an Gold und Silber fehlt. Aber der Betrug wird zu seiner Zeit offenbar, und die Worte verlieren alle ihre Kraft, den Verstand und das Gefühl anzuregen. In jeder lang zivilisierten Nation gibt es Hunderte von Schriftstellern, die eine Zeit lang glauben und andere glauben machen, dass sie Wahrheiten sehen und äußern, die aber aus eigener Kraft auch nicht einen Gedanken in sein natürliches Gewand kleiden, sondern unbewusst an der Sprache zehren, welche die ersten Schriftsteller des Landes erschufen, jene nämlich, die sich in ursprünglicher Weise an die Natur halten.

Allein weise Männer durchschauen diese verdorbene Wortwahl und heften ihre Worte wieder an sichtbare Dinge, sodass bilderreiche Sprache ein schlagender Beweis dafür ist, dass derjenige, der sie gebraucht, ein Mensch ist im Bund mit Gott und der Wahrheit. Sobald sich unsere Rede über das Niveau alltäglicher Tatsachen erhebt, sobald sie leidenschaftlich und gedankenreich wird, kleidet sie sich in Bilder. Ein Mensch braucht bei einem ernsten Gespräch nur auf den im Inneren vorgehenden intellektuellen Prozess achtzugeben, um zu bemerken, dass gleichzeitig mit seinem Gedanken stets ein mehr oder minder lichtes Bild in seinem Geist emporsteigt, welches das Kleid für den Gedanken liefert. Folglich bestehen gute Schriften und glänzende Vorträge aus beständigen Allegorien. Diese Art Bildersprache ist spontan. Es ist Erfahrung in Vereinigung mit der gegenwärtigen Tätigkeit des Geistes. Es ist im eigentlichen Sinne

Erschaffung. Es ist das Arbeiten des Urgrundes aller Dinge mittels der Werkzeuge, die er bereits geschaffen hat.

Diese Tatsachen lassen uns vermuten, welchen Vorteil für einen starken Geist das Landleben hat vor dem künstlichen und zugestutzten Leben der Städte. Wir wissen aus der Natur mehr, als wir nach Belieben mitteilen können. Ihr Licht fließt beständig in die Seele, und wir vergessen ihre Gegenwart. Der Dichter oder Redner, der unter Bäumen aufwuchs, dessen Sinne sich an ihren lieblichen und stillen Veränderungen von Jahr zu Jahr weideten, ohne Absicht und ohne Acht, soll im Geräusch der Städte, in dem Lärm und Gezänk der Politik, ihre Lehren nicht gänzlich vergessen. Lange nachher, inmitten agitierender und terrorisierender Nationalversammlungen – in der Stunde der Revolution sollen diese pathetischen Gestalten und Bilder von Neuem zum Vorschein kommen in ihrem Morgenglanz, als taugliche Symbole und Worte für die Gedanken, welche die geschehenden Ereignisse erwecken werden. Auf den Ruf einer edlen Empfindung wehen die Bäume von Neuem, murmeln die Tannen, rollt und glänzt der Strom und brüllt auf den Bergen das Vieh, wie er es sah und hörte, als er noch Kind war. Und mit diesen Gestalten sind die Zauber der Überredung, die Schlüssel der Macht in seine Hände gelegt.

3. Die Naturgegenstände helfen uns also, besonderen Absichten und Meinungen einen Ausdruck zu geben. Aber welch eine große Sprache für die Mitteilung derart unbedeutender Nachrichten! Bedurfte es solch edler Rassen von Geschöpfen, dieser Überfülle an Gestalten, dieser Schar von Himmelskörpern, um den Menschen mit einem Wortschatz und einer Grammatik für seine Meinungsäußerung zu versehen? Während wir uns dieser großen Chiffre bedienen, um unsere Topf- und Kesselangelegenheiten abzumachen, fühlen wir, dass wir noch keinen rechten Gebrauch davon gemacht haben und auch nicht können. Wir sind Reisenden gleich, welche die Asche eines Vulkans zum Braten ihrer Eier benutzen. Im Angesicht der Chiffre, die

immer bereit steht zu kleiden, was wir sagen möchten, können wir der Frage nicht ausweichen, ob nicht die Zeichen an sich bedeutungsvoll sind. Haben Berge und Wellen und Himmel keine andere Bedeutung als diejenige, die wir ihnen bewusst beilegen, wenn wir sie zu Gedanken-Emblemen verwenden? Die Welt ist emblematisch. Die Teile der Sprache sind Metaphern, eben weil die ganze Natur eine Metapher des menschlichen Geistes ist. Die Gesetze der moralischen Natur entsprechen denen der Materie, wie das Gesicht dem Gesicht im Spiegel. »Die sichtbare Welt und das Verhältnis ihrer Teile ist das Zifferblatt der unsichtbaren.« Die Axiome der physischen Gesetze sind eine Übersetzung der ethischen, z. B.: »Das Ganze ist größer als seine Teile; Reaktion ist ebenso stark als Aktion; mit dem kleinsten Gewicht lässt sich das größte aufheben, indem der Gewichtsunterschied durch Zeit ersetzt wird« und manch ähnliche Sätze, die sowohl einen ethischen als physischen Sinn haben. Diese Sätze haben, aufs menschliche Leben angewandt, einen weit umfangreicheren und universaleren Sinn, als wenn man sie auf den technischen Gebrauch beschränkt.

In gleicher Weise bestehen die denkwürdigen Worte der Geschichte und die Sprichwörter der Nationen meistens aus einer Naturtatsache, die man als Bild oder Gleichnis für eine moralische Wahrheit wählte, z. B.: »ein rollender Stein setzt kein Moos an«; »ein Vogel in der Hand ist besser als zwei im Busch«; »ein Krüppel auf dem rechten Weg bringt's weiter als ein Renner auf dem verkehrten«; »macht das Heu, solange die Sonne scheint«; »eine volle Tasse läuft leicht über«; »Weinessig ist der Sohn des Weines«; »die letzte Unze brach dem Kamel den Rücken«; »lange lebende Bäume fangen mit den Wurzeln an« und dergleichen. Dies sind im eigentlichen und ursprünglichen Sinne ganz gewöhnliche Tatsachen, aber wir wiederholen sie um des Wertes willen, den sie durch ihre analogische Bedeutung haben. Ebenso wie mit den Sprichwörtern verhält es sich mit allen Fabeln, Parabeln und Allegorien.

Diese Verwandtschaft zwischen Geist und Materie ist nicht das Gebilde irgendeines Dichters, sondern liegt im Willen Gottes begründet, und alle Menschen können sie daher kennenlernen. Sie erscheint den Menschen, oder sie erscheint ihnen nicht. Wenn wir in glücklichen Stunden über dieses Wunder nachdenken, so zweifelt der Weise, ob er nicht zu jeder anderen Zeit blind und taub ist:

– »Können diese Dinge sein,
Über uns wie eine Sommerwolke kommen,
Ohne uns besonders zu erstaunen?«*

Denn das Universum wird durchsichtig, und das Licht von Gesetzen, die höher sind als seine eigenen, scheint hindurch. Es ist das stehende Problem, das seit dem Beginn der Welt das Wunder und Studium eines jeden trefflichen Genius gewesen, von der Zeit der Ägypter und Brahmanen bis auf die Zeit des Pythagoras, Plato, Bacon, Leibniz und Swedenborg. Da sitzt die Sphinx an der Heerstraße, und von einem Jahrhundert zum anderen versucht jeder Prophet, der vorbeikommt, sein Glück im Erraten ihres Rätsels. Es scheint, dass der Geist sich notwendig in materiellen Formen offenbaren muss, sodass Tag und Nacht, Fluss und Sturm, Vieh und Vogel, Säure und Alkali als notwendige Ideen im Geist Gottes präexistieren und sind, was sie sind, kraft der in der Geisterwelt vorausgehenden Affektionen. Eine Tatsache ist das Ende oder das letzte Ergebnis des Geistes. Die sichtbare Schöpfung ist die Grenze oder die Peripherie der unsichtbaren Welt. »Materielle Gegenstände«, sagte ein französischer Philosoph, »sind notwendigerweise gewisse Arten von *scoriae* (Schlacken) der wirklichen Gedanken des Schöpfers, die stets eine genaue Verwandtschaft mit ihrem ersten Ursprung be-

* William Shakespeare, Macbeth, III, 4

wahren müssen; mit anderen Worten: Die sichtbare Natur muss eine geistige und moralische Seite haben.«

Diese Lehre ist verworren, und obgleich Bilder wie »Kleid«, »Schlacken«, »Spiegel« etc. für unsere Einbildungskraft etwas Anregendes haben, so müssen wir doch, um Klarheit zu erlangen, zu scharfsinnigeren und wichtigeren Erklärern unsere Zuflucht nehmen. »Jede Schrift muss von demselben Geist ausgelegt werden, von dem sie herausgegeben wurde«, ist das Fundamentalgesetz aller Kritik. Ein Leben in Harmonie mit der Natur, Tugend und Wahrheitsliebe wird das Auge für das Verständnis ihres Textes reinigen und klären. Schritt für Schritt gelangen wir zur Erkenntnis der primitiven Bedeutung der bleibenden Naturgegenstände, sodass die Welt für uns ein offenes Buch und jede Gestalt eine Hindeutung sein soll auf das in ihr verborgene Leben und die End-Ursache der Dinge.

Während wir unter dem soeben angedeuteten Gesichtspunkt den ungeheuren Umfang und die Menge von Gegenständen in Betracht ziehen, überrascht uns ein neues Interesse, zumal »jeder Gegenstand, recht besehen, eine neue Tätigkeit der Seele« erschließt. Was unbewusste Wahrheit war, wird, wenn an einem Gegenstand verdeutlicht und definiert, ein Teil des Gebietes, das wir kennen und beherrschen, ein neuer Beitrag für den Speicher der Macht.

Kapitel V

Fachgebiet

Angesichts dieser Bedeutung der Natur gelangen wir sofort zu einer neuen Tatsache, nämlich der, dass die Natur ein Fachgebiet ist. Dieser Nutzen der Welt schließt die vorhergehenden Nutzen als seine Teile in sich.

Raum, Zeit, Gesellschaft, Arbeit, Klima, Nahrung, Bewegungskraft, die Tiere, die mechanischen Kräfte geben uns tagtäglich die reinsten Lehren, deren Bedeutung grenzenlos ist. Sie erziehen sowohl den Verstand als die Vernunft. Jede Eigenschaft der Materie ist eine Schule für den Verstand – ihre Undurchdringlichkeit oder Widerstandskraft; ihre Trägheit, ihre Ausdehnbarkeit, ihre Gestalt, ihre Teilbarkeit. Der Verstand addiert, dividiert, kombiniert, misst und findet auf diesem würdigen Gebiet unaufhörlich Nahrung und Raum für seine Tätigkeit. Inzwischen überträgt die Vernunft alle diese Lehren auf ihre eigene Gedankenwelt, indem sie die Analogie wahrnimmt, die Materie und Geist miteinander vermählt.

1. Die Natur ist eine Erzieherin des Verstandes in intellektuellen Wahrheiten. Unser Verkehr mit sinnlichen Gegenständen ist eine beständige Übung in den notwendigen Lehren vom Unterschied, von der Gleichheit, von der Ordnung, vom Sein und Scheinen, von progressiver Anordnung, vom Übergang aus dem Besonderen zum Allgemeinen, von der Kombination mannigfaltiger Kräfte zu einem Zweck. Im Verhältnis zur Wichtigkeit des Organs, um dessen Bildung es sich handelt, steht die außerordentliche Sorgfalt, mit der dessen Erziehung betrieben wird – eine Sorgfalt, die in keinem einzigen Fall versäumt wird. Was für lange, nimmer endende und ermüdende Übungen von Tag zu Tag, von Jahr zu Jahr, um den gemeinen Menschenverstand zu bilden! Welch unaufhörliche Vermehrung von Qualen, Schwierigkeiten, Zwangslagen! Welch ein Sichlustigmachen über uns vonseiten kleiner Geister! Welch ein Disputieren um Preise, welch ein Rechnen von Zinsen – und das alles, um die Hand des Geistes zu bilden, um uns zu lehren, dass gute Gedanken nicht besser sind als gute Träume, es sei denn, dass man sie ausführt.

Denselben guten Dienst leistet uns das Eigentum und dessen Filialsysteme von Schuld und Kredit. Schuld, peinigende Schuld, deren eisernes Antlitz die Witwe, der Waise und die

Söhne des Genius fürchten und hassen; Schuld, die so viel Zeit raubt, die so lähmend und entmutigend auf einen großen Geist einwirkt, ihn mit Sorgen plagt, die so niedrig erscheinen, ist eine Lehrmeisterin, deren Lehren nicht übergangen werden können und welcher diejenigen am meisten bedürfen, die am meisten darunter leiden. Eigentum, das man sehr passend mit Schnee verglichen hat – »fällt er heute eben, so treibt ihn der Wind morgen in Haufen« –, ist außerdem bloß die auf der Oberfläche sichtbare Tätigkeit einer im Innern wirkenden Maschinerie, wie der Zeiger auf dem Zifferblatt einer Uhr. Während es jetzt die Gymnastik des Verstandes ausmacht, sieht der Geist die Erfahrung in tieferen Gesetzen, die es birgt, bereits voraus.

Der ganze Charakter und das Schicksal eines Individuums wird von der geringsten Ungleichmäßigkeit seiner Verstandesbildung affiziert, z. B. in der Wahrnehmung von Unterschieden. Dazu ist *Raum* und dazu ist *Zeit*, damit der Mensch wisse, dass Dinge nicht zusammengehudelt und untereinander geworfen sind, sondern geschieden und individuell. Eine Glocke und ein Pflug haben beide ihren besonderen Nutzen und können nicht das eine des anderen Dienste versehen. Wasser eignet sich zum Trinken, Kohlen zum Brennen, Wolle zum Kleiden; aber Wolle kann man nicht trinken, Wasser nicht spinnen und Kohlen nicht essen. Der Weise zeigt seine Weisheit in der Scheidung und Gradation, die er vornimmt, und seine Skala von Geschöpfen und Verdiensten ist ebenso weit und groß wie die Natur. Törichte Menschen haben keinen Umfang in ihrer Skala und wähnen, dass ein Mensch wie der andere ist. Was nicht gut ist, nennen sie das Schlechteste, und was nicht hassenswert ist, nennen sie das Beste.

In gleicher Weise, wie behutsam die Natur uns macht! Fehler verzeiht sie nie. Ihr Ja ist Ja und ihr Nein ist Nein.

Die ersten Schritte in der Agrikultur, Astronomie, Zoologie (jene ersten Schritte, die der Landmann, der Jäger und der Seemann tun) lehren uns, dass die Würfel der Natur stets gezinkt sind, dass in ihren Halden und ihrem Schutt sichere und nützliche Resultate verborgen liegen.

Wie still und freudig lernt der Geist die Gesetze der Naturwissenschaft kennen, eins nach dem anderen! Welch edle Regungen schwellen die Brust des Sterblichen, wenn er die Pläne der Schöpfung verstehen lernt und durch sein Wissen das Privilegium des *Daseins* empfindet. Seine Einsicht veredelt ihn. Die Schönheit der Natur erglänzt in seiner eigenen Brust. Der Mensch ist größer dadurch, dass er dieses sehen kann, und das Universum kleiner; denn Zeit- und Raumbeziehungen schwinden in dem Maße, als Gesetze erkannt werden.

Hier wiederum werden wir von dem ungeheuren Universum, dessen Erforschung uns obliegt, bedrängt und sogar erschreckt. »Was wir wissen, ist eine Hinweisung auf das, was wir nicht wissen.« Man öffne eine wissenschaftliche Zeitschrift der Gegenwart und erwäge die Probleme, die in Bezug auf Licht, Wärme, Elektrizität, Magnetismus, Physiologie, Geologie aufgestellt werden, und frage sich dann, ob eine Wahrscheinlichkeit vorhanden, dass sich das Interesse an der Naturwissenschaft bald verlieren wird.

Indem wir viele zum Fachgebiet der Natur gehörige Einzelheiten übergehen, dürfen wir nicht unterlassen, zwei derselben zu spezifizieren.

Jedes Ereignis ist eine Anleitung zur Übung des *Willens* oder zur Erwerbung von Kraft. Von der Zeit an, wo man als Kind von seinen Sinnen allmählich Besitz nimmt, bis auf die Stunde, wo der Mensch sagt: »Dein Wille geschehe!«, lernt er das Geheimnis, dass er nicht bloß einzelne Begebenheiten, sondern große Klassen, ja die ganze Aufeinanderfolge derselben, seinem Willen untertan machen und auf diese Weise alle Tatsachen mit seinem Charakter in Einklang bringen kann. Die Natur ist durchweg vermittelnd. Sie wurde geschaffen, um zu dienen. Sie empfängt die Herrschaft des Menschen so willig und sanft wie der Esel, auf dem der Heiland ritt. Alle ihre Reiche offeriert sie dem Menschen als das Rohmaterial, das er zu etwas Nützlichem umgestalten kann. Nie wird der Mensch dessen Bearbeitung müde. Er schmiedet die dünne und zarte Luft zu Worten von Weisheit und Melodie und lässt sie wie Engel der Überredung und des Gebotes davonfliegen. Mehr und mehr, mit jedem Gedanken, erweitert sich seine königliche Macht über die Dinge, bis zuletzt die Welt nur ein verwirklichter Wille ist – das Doppelstück des Menschen.

2. Sinnliche Gegenstände gehorchen den Warnungen der *Vernunft* und reflektieren das Gewissen. Alle Dinge sind moralisch; und in ihren grenzenlosen Veränderungen haben sie fortwährend auf die geistige Natur Bezug. Darum ist die Natur so herrlich an Gestalt, Farbe und Bewegung, damit jeder noch so entfernte Himmelskörper, jede chemische Veränderung, vom rohesten Kristall bis auf die Gesetze des Lebens, damit jede Veränderung in der Vegetation vom ersten Naturgesetz des Wachstums im Auge eines Blattes bis auf die tropischen Wälder und vorsintflutliche Kohlgrube, damit jede tierische Funktion vom Schwamm bis hinauf zu Herkules dem Menschen die Gesetze von Recht und Unrecht zu verstehen gebe, sie ihm in die Ohren donnere und die Zehn Gebote widerhalle. Die Natur ist deshalb stets im Bund mit der Religion: leiht alle ihre Pracht und ihren Reichtum dem religiösen Gefühl. Prophet und Priester, David, Jesaja, Jesus haben tief aus dieser Quelle geschöpft.

Dieser ethische Charakter geht so sehr durch Bein und Mark der Natur, dass es scheint, als sei dies der Zweck, wozu sie geschaffen wurde. Was für persönliche Absichten auch von irgendeinem ihrer Glieder oder Teile in Ausführung gebracht werden mögen, dies ist ihre öffentliche und allgemeine Funktion, die niemals versäumt wird. Nichts in der Natur wird durch seinen ersten Gebrauch erschöpft. Hat eine Sache zu einem gewissen Zweck auch bis aufs Äußerste gedient, so ist sie dennoch für einen anderweitigen Dienst völlig neu. In Gott verwandelt sich jeder Zweck in ein neues Mittel. So hat z. B. der Nutzen des Gebrauchsnutzens, an und für sich betrachtet, etwas Niedriges und Gemeines. Aber es ist für den Geist eine Unterweisung in der großen Lehre vom Nutzen, dass nämlich eine Sache nur so weit gut ist, als sie dient; dass ein Zusammenwirken von Teilen und Anstrengungen zur Erzielung eines Zweckes überall nötig ist. Die erste und grobe Manifestation dieser Wahrheit ist unsere unvermeidliche und verhasste Erziehung in Werten und Bedürfnissen, in Korn und Fleisch.

Als wir von der Bedeutung materieller Dinge redeten, haben wir bereits gezeigt, dass jeder Naturprozess bloß die Übersetzung eines moralischen Satzes ist. Das Moralgesetz ruht im Zentrum der Natur und strahlt von dort nach der Peripherie; es ist das Mark und der Kern jeder Substanz, jeglicher Relation und jedes Prozesses. Alle Dinge, mit denen wir in Berührung kommen, predigen zu uns. Ist nicht eine Farm ein stummes Evangelium? – Die Spreu und der Weizen, Unkraut und Pflanzen, Mehltau, Regen, Insekten, Sonne – ein heiliges Sinnbild von der ersten Furche des Frühlings bis zum letzten Stapel, den der Schnee des Winters auf dem Feld überrascht. Allein der Seemann, der Hirte, der Bergmann, der Kaufmann machen, ein jeder in seiner Sphäre, eine genau parallele und zu denselben Schlüssen führende Erfahrung; und zwar deshalb, weil alle Organisationen in der Wurzel einander gleich sind. Auch unterliegt es keinem Zweifel, dass dieses moralische Element, das die Luft mit Wohlgeruch erfüllt, im Samenkorn wächst und die Wasser der Welt befruchtet, vom Menschen aufgefangen wird und sich ihm in die Seele senkt. Der moralische Einfluss der Natur auf jeden Einzelnen ist jenes Quantum von Wahrheit, das sie ihm versinnlichte. Und wer kann das berechnen? Wer kann sagen, wie viel Festigkeit der seebespülte Felsen den Fischer gelehrt? Wie viel Ruhe und Stille auf den Menschen zurückstrahlte von dem azurnen Himmel, über dessen reine Tiefen die Winde für immer und ewig ihre stürmischen Wolkenherden treiben, ohne eine Runzel oder einen Fleck zu hinterlassen? Wie viel Betriebsamkeit, Vorsicht und Freundlichkeit wir von den Gebärden der Tiere gelernt? Welch eindringlicher Prediger der Selbstbeherrschung ist nicht das wechselnde Phänomen der *Gesundheit*!

Hieraus lernen wir besonders die Einheit der Natur kennen – die Einheit in der Mannigfaltigkeit, die uns überall entgegentritt. Alle die endlosen Verschiedenheiten der Dinge machen einen einzigartigen und gleichlautenden Eindruck. Xenophanes klagte in seinem Alter, dass, wohin er auch blicke, alle Dinge zur *Einheit* zurückeilten. Er war es müde, dasselbe Wesen in der nimmer endenden Verschiedenheit der Formen zu sehen. Die Fabel vom Proteus enthält eine erquickende Wahrheit. Jedes Einzelne in der Natur – ein Blatt, ein Tropfen, ein Kristall, ein Moment der Zeit – steht zum Ganzen in Beziehung und hat Teil an der Vollkommenheit des Ganzen. Jedes Teilchen ist ein Mikrokosmos und erweist sich als ein getreues Ebenbild der ganzen Welt.

Ähnlichkeiten existieren nicht bloß in Dingen, deren Analogie auf der Hand liegt, wie wenn wir den Typus der menschlichen Hand in den flossenartigen Füßen des versteinerten Sauriers entdecken, sondern auch in Gegenständen, wo sich scheinbar eine große Ungleichheit vorfindet. So nennen z. B. de Staël und Goethe Architektur »gefrorene Musik«. »Eine gotische Kirche«, sagte Coleridge, sei eine versteinerte Religion. Michelangelo behauptete, dass für einen Architekten die Kenntnis der Anatomie sehr wesentlich sei. In Haydns Oratorien stellt die Musik für die Einbildungskraft nicht bloß Bewegungen dar wie die der Schlange, des Hirschen und Elefanten, sondern auch Farben wie das grüne Gras. Der Granit unterscheidet sich in seinen Gesetzen nur durch das Mehr oder Weniger an Wärme vom Fluss, der ihn abnutzt. Der Fluss gleicht in seinem Fließen der Luft, die darüber hinfließt; die Luft gleicht dem Licht, wovon es in noch subtileren Strömungen durchdrungen wird; das Licht gleicht der Wärme, die mit ihm den Raum durchschweift. Jedes Geschöpf ist nur eine Modifikation des anderen; ihre Gleichheit ist größer als ihre Verschiedenheit. Ihr ursprüngliches Gesetz ist ein und dasselbe. Daher kommt es, dass die Regel einer Kunst oder das Gesetz einer Organisation durch die ganze Natur hindurch stichhaltig und anwendbar ist. So innig ist diese Einheit, dass – wie sich leicht wahrnehmen lässt – sie sich auch unter der letzten Hülle der Natur noch findet und ihren Ursprung im Geist des Universums hat. Auch das Denken wird von ihr durchdrungen. Jede allgemeine Wahrheit, die wir in Worten ausdrücken, schließt jede andere Wahrheit in sich oder setzt sie voraus – *omne verum vero consonat* –,* einem größten Kreis auf einer Kugel vergleichbar, der alle möglichen Kreise umschließt, die sich indessen gleichfalls ziehen lassen, sodass sie ihn umfassen. Eine jede solche Wahrheit ist das absolute *Ens*, von einer Seite gesehen; aber es hat unzählige Seiten.

Dieselbe zentrale Einheit ist in Handlungen noch augenfälliger. Worte sind endliche Organe für den unendlichen Geist. Sie können die Dimensionen des Wahrheitsinhalts nicht decken. Sie zerbrechen, zerhauen und zerstümmeln die Wahrheit. Eine Handlung ist die Vervollständigung und Veröffentlichung des Gedankens. Eine richtige Handlung scheint das Auge zu befriedigen und mit der ganzen Natur verwandt zu sein. »Der Weise, indem er eins tut, tut er alles, oder in dem einen, das er recht macht, sieht er die Gleichheit von allem, was auf rechte Weise geschieht.« Worte und Handlungen sind nicht die Attribute der stummen und unvernünftigen Natur. Sie machen uns mit jener eigentümlichen Gestalt bekannt, die über alle anderen hervorherrscht, nämlich der menschlichen. Alle anderen Organisationen scheinen Abstufungen der menschlichen zu sein. Wenn diese unter so vielen, von denen sie umgeben ist, hervortritt, so zieht der Geist sie allen anderen vor. Er sagt: ›Ein Wesen wie dieses hat mir Freude bereitet und mir Kenntnisse verliehen. In einem Wesen wie diesem habe ich mich selbst gefunden und geschaut. Ich will es anreden. Es kann antworten. Es kann mir Ge-

* Alle Wahrheiten stimmen miteinander überein.

danken geben, die bereits Gestalt und Leben haben.‹ Kurzum, das Auge – der Geist – ist stets von diesen männlichen und weiblichen Gestalten umgeben, und diese sind ohne Frage die reichsten Kundgebungen von der Kraft und Ordnung, die allen Dingen zugrunde liegt. Schade nur, dass eine jede dieser Gestalten die Merkmale gewisser Verletzungen an sich trägt und auf der Oberfläche mangelhaft ist. Nichtsdestoweniger ruhen sie alle, ungleich der sie umgebenden, tauben und stummen Natur, wie Brunnenröhren auf der unergründlichen See des Gedankens und der Tugend, wozu sie allein von allen Organisationen den Einlass gestatten.

Es wäre eine angenehme Untersuchung, wollte man den Dienst, den unsere Bildung von ihnen empfängt, ins Einzelne verfolgen; aber wo sollte man einhalten? Wir haben im Jünglings- und im Mannesalter Umgang mit einigen Freunden, die wie Himmel und Wasser sich mit unserer Idee zugleich ausdehnen. Ein jeder von ihnen entspricht einer gewissen Neigung unserer Seele und befriedigt nach dieser Seite hin unsere Wünsche; aber es fehlt uns an Kraft, sie in eine solche Brennweite zu stellen, dass wir sie bessern oder auch nur analysieren könnten. Es bleibt uns nichts übrig, als sie zu lieben. Wenn viel Verkehr mit einem Freund uns mit einem Maßstab von Vortrefflichkeit versehen und unseren Respekt vermehrt hat vor den Hilfsquellen Gottes, der auf diese Weise einen wirklichen Menschen sendet, der über unser Ideal hinausgeht; wenn der Freund ein Gegenstand des Denkens geworden und (während sein Charakter alle seine unbewusste Einwirkung behält) sich im Innern des Geistes in eine solide und süße Weisheit verwandelt hat, so ist das ein Zeichen für uns, dass sich sein Amt dem Ende naht, und gewöhnlich wird er bald darauf unseren Augen entzogen.

Kapitel VI

Idealismus

Also wird dem Menschen, dem unsterblichen Schüler, die unaussprechliche, aber verstehbare und praktische Bedeutung der Welt in jedem sinnlichen Gegenstand mitgeteilt. Zur Erfüllung dieses einen Zwecks des Fachgebietes vereinigen sich alle Teile der Natur.

Ein edler Zweifel drängt sich uns beständig auf, ob nämlich nicht dieser Zweck die End-Ursache des Universums sei und ob die Natur äußerlich eine Existenz habe. Es ist ein genügender Grund für jene *Erscheinung*, die wir Welt nennen, dass Gott einen menschlichen Geist unterrichten und ihn zum Empfänger einer gewissen Anzahl von entsprechenden Sinneseindrücken machen will, die wir Sonne und Mond, Mann und Frau, Haus und Handel nennen. Bei meinem gänzlichen Unvermögen, die Authentizität des Berichtes zu beweisen, den meine Sinne mir geben, und zu erfahren, ob die Eindrücke, die ich durch sie empfange, mit außenliegenden Gegenständen im Einklang stehen, welchen Unterschied macht es, ob Orion dort oben am Himmel wirklich vorhanden oder ob ein Gott dessen Bild ans Firmament der Seele malt? Da die Beziehung der Teile zueinander und der Endzweck des Ganzen unverändert bleiben, welchen Unterschied macht es, ob Land und See aufeinander wirken, ob zahl- und endlose Welten sich umkreisen und durcheinander sich mengen – gähnende Tiefe unter gähnender Tiefe, die eine Galaxie die andere im Gleichgewicht haltend, überall im absoluten Raum; oder ob ohne Zeit- und Raum-Verhältnisse dieselben Erscheinungen beständig dem Glauben des Menschen sich einprägen? Ob die Natur sich eines substanziellen äußeren Daseins erfreut oder nur in der Apokalypse des Geistes vorhanden, bleibt sich mir gleich. Ihre Ehrwürdigkeit und ihr Nutzen bleibt derselbe. Sei sie, was sie sei, für mich ist sie ideell, solange ich nicht imstande bin, die Genauigkeit meiner Sinne zu prüfen.

Frivole Menschen machen sich über die Ideal-Theorie lustig, als wären die Folgen davon eine Posse, als litte die Stabilität der Natur darunter. Das ist sicherlich nicht der Fall. Gott hat uns nie zum Besten und wird den Zweck der Natur nicht kompromittieren, indem er in ihrem Gang und Lauf Inkonsequenzen erlaubt. Jedes Misstrauen gegen die Permanenz der Gesetze würde die Fähigkeiten des Menschen paralysieren. Ihre Permanenz achtet er heilig, und sein Glaube daran ist vollkommen. Die Räder und Triebfedern des Menschen geben allesamt ihre Stütze der Hypothese von der Permanenz der Natur. Wir sind nicht wie ein Schiff gebaut, um umhergeschleudert zu werden, sondern wie ein Haus, um zu stehen. Es ist eine natürliche Folge dieser Struktur, dass, solange die aktiven Kräfte über die reflektierenden die Oberherrschaft haben, wir mit Unwillen jeder Andeutung davon widerstreben, dass die Natur einem kürzeren Leben und größeren Wechsel unterworfen sei als der Geist. Von dem Makler, dem Rademacher, dem Zimmermann oder dem Zolleinnehmer wird eine solche Andeutung mit großem Missvergnügen empfangen.

Allein während wir uns in Hinsicht auf die Permanenz der Natur vollständig beruhigen, bleibt doch die Frage, ob die Natur eine absolute Existenz habe, noch offen. Die Wirkung, welche die Bildung auf den menschlichen Geist ausübt, ist darin immer dieselbe, dass sie unseren Glauben an die Stabilität der einzelnen Phänomene wie Wärme, Wasser, Stickstoff nicht erschüttert, wohl aber uns dahin führt, die Natur als ein Phänomen und nicht als eine Substanz zu betrachten, dem Geist eine notwendige Existenz zuzuschreiben, die Natur aber als etwas Hinzugekommenes und Erzeugtes zu erachten. Die Sinne und der ungeläuterte Verstand besitzen eine Art instinktiven Glauben an die absolute Existenz der Natur. Nach ihrer Anschauung sind Mensch und Natur unlösbar miteinander verbunden. Dinge halten sie für Dinge und für nichts weiter und schauen niemals über deren Sphäre hinaus. Die Gegenwart der Vernunft zerstört diesen Glauben. Der Despotismus der Sinne, der uns an die Natur bindet, als wären wir ein Teil derselben, verliert beim ersten Denkversuch schon an Kraft, denn wir sehen die Natur dann von Weitem und gleichsam wie im Fluss begriffen. Solange diese höhere Tätigkeit nicht eintritt, sieht das tierische Auge mit wunderbarer Genauigkeit scharfe Umrisse und farbige Oberflächen. Öffnet aber die Vernunft ihr Auge, so gesellt sich sofort zu Umriss und Oberfläche Anmut und Ausdruck. Diese gehen aus der Einbildungskraft und der Empfindung hervor und berauben die Gegenstände ein wenig ihrer winkeligen Deutlichkeit. Wird die Vernunft zu noch ernsterem Schauen gereizt, werden die Umrisse und Oberflächen durchsichtig und man sieht sie nicht länger: Ursachen und Geister scheinen hindurch. Es gibt keine schöneren und glücklicheren Augenblicke des Lebens als diese süßen Perioden des Erwachens höherer Kräfte, dies ehrerbietige Zurücktreten der Natur vor ihrem Gott.

Wir gehen jetzt zur Angabe der Meinungen über, welche die Bildung mit sich bringt.

1. Unsere erste Einführung in die Ideal-Philosophie ist ein von der Natur selbst gegebener Wink.

Die Natur hat den Zweck, im Bund mit dem Geist für unsere Emanzipation zu wirken. Gewisse mechanische Veränderungen, ein kleiner Wechsel in unserer lokalen Position lässt uns einen Dualismus wahrnehmen. Einen seltsamen Eindruck macht es, wenn wir die Küste vom Meer aus sehen oder von einem Ballon aus oder beglänzt von den Farben eines ungewöhnlichen Himmels. Die geringste Veränderung unseres Standpunktes gibt der ganzen Welt einen malerischen Anblick. Ein Mensch, der selten ausfährt, braucht sich bloß in eine Kutsche zu setzen und seinen Wohnort zu durchfahren, um die Straße in eine Puppenschau zu verwandeln. Die Männer, die Frauen – wie sie schwatzen, laufen, kaufen und verkaufen, sich prügeln –, der ernsthafte Handwerker, der Bummler, der Bettler, die Knaben, die Hunde verlieren sofort ihre Realität oder wenigstens alle ihre Beziehung zum Beobachter und haben nicht länger das Aussehen wirklicher, sondern scheinbarer Wesen. Welch neue Gedanken erzeugt nicht der Anblick eines ganz vertrauten Landstrichs, wenn wir in einem rasch vorüberfliegenden Bahnzug sitzen! Ja, die allergewöhnlichsten Gegenstände (machen wir eine kleine Veränderung im Sehpunkt) gefallen uns am meisten. In einer Camera obscura amüsiert uns der Fleischerwagen oder die Gestalt von jemandem aus unserer eigenen Familie. Ebenso macht das Porträt eines alten Bekannten uns besondere Freude. Man gucke kopfüber zwischen den Beinen durch auf eine Landschaft, und wie angenehm ist das Gemälde, obgleich man es seit zwanzig Jahren jederzeit vor Augen hatte.

In Fällen dieser Art werden wir durch mechanische Mittel auf den Unterschied zwischen Beobachter und Schaustellung – zwischen Mensch und Natur – hingeführt. Es entsteht daraus ein mit Ehrfurcht gemischtes Vergnügen, oder vielmehr ein Grad des Erhabenen wird fühlbar, und zwar wahrscheinlich deswegen, weil der Mensch, während ihm die Welt zu einem Schauspiel wird, in sich selbst etwas Stabiles entdeckt.

2. In einer höheren Weise bereitet uns der Dichter dasselbe Vergnügen. In wenigen Zügen zeichnet er wie auf Luft die Sonne, den Berg, das Lager, die Stadt, den Helden, die Jungfrau, nicht verschieden von der Kenntnis, die wir von ihnen haben, sondern nur aufgehoben vom Boden und wie vor dem Auge dahinfließend. Er bindet Land und Meer los und lässt sie um die Achse seines eigenen, ursprünglichen Gedankens rotieren und gibt ihnen eine neue Ordnung. Selber von einer heroischen Leidenschaft besessen, gebraucht er die Materie als deren Symbole. Der sinnliche Mensch passt seine Gedanken den Dingen an; der Dichter die Dinge seinen Gedanken. Jener hält die Natur für festgewurzelt, dieser für flüssig und drückt ihr seinen eigenen Stempel auf. Für ihn ist die starre Welt dehnbar und biegsam; Staub und Steine bekleidet er mit Menschlichkeit und macht sie zu Worten der Vernunft. Man könnte die Einbildungskraft so definieren, dass man

sagte, sie sei der Gebrauch, den die Vernunft von der materiellen Welt macht. Shakespeare besitzt die Kraft, die Natur zu dem, was er ausdrücken will, zu verwenden, mehr als alle anderen Dichter. Seine königliche Muse wirft die Schöpfung wie ein Spielzeug von einer Hand zur anderen, um irgendeiner grillenhaften Gefühlsnuance, die in seinem Geist die Oberhand hat, einen Ausdruck zu geben. Die entferntesten Räume der Natur werden besucht und durch eine subtile Beziehung die fremdartigsten Dinge miteinander in Berührung gebracht. Es wird uns gezeigt, dass die Größe der Dinge nur relativ ist, dass alle Gegenstände einschrumpfen oder sich ausdehnen, ganz nach Wunsch des Dichters. In seinen Sonetten z. B. sind die Gesänge der Vögel, die Wohlgerüche und Farben der Blumen, der *Schatten* seiner Geliebten; die Zeit, die sie von ihm trennt, ist sein *Schatzkästchen*, und der Verdacht, den sie erweckt hat, ist ihr *Schmuck*.

»Der Schönheit Schmuck ist der Verdacht
Eine Krähe in des Himmels süßester Luft.«*

Seine Leidenschaft ist nicht die Frucht des Wechsels, sie schwillt selbst, während er zu einer Stadt oder einem Staat redet.

»Nein, nicht Zufall hat ihn geschaffen,
Er leidet nicht an lächelndem Pomp,
Und Unzufriedenheit, die knechtende,
Treibt nicht in ihm ihr mürrisch Wesen.

Auch Politik, häretisch wie sie ist,
Arbeitend nur auf bald verlaufene Pachtzeit,
Macht ihn nicht bange. Er steht alleine
Und ohne Stütze – ein ungeheurer Bau.«**

* Sonett LXX
** Sonett CXXIV

Im Gefühl seiner Kraft und Standhaftigkeit scheinen ihm die Pyramiden erst gestern gebaut und schon im Verschwinden begriffen zu sein. Die Frische der Jugend und Liebe blendet ihn durch ihre Ähnlichkeit mit der Morgenröte.

»Jene Lippen nimm hinweg,
Die so süß und falsch geschworen,
Und die Augen – Tagesanbruch,
Lichter, die die Morgendämmerung
Irre führen und verleiten.«*

Die wilde Schönheit dieser Hyperbel – bemerke ich beiläufig – dürfte in der Literatur wohl so leicht nicht ihresgleichen finden.

Diese Transfiguration, die alle materiellen Gegenstände durch die Leidenschaft des Dichters erleiden – jene Kraft, wodurch er jeden Augenblick das Kleine vergrößert und das Große verkleinert –, ließe sich an tausend Beispielen aus seinen Dramen verdeutlichen. Ich habe den »Sturm« vor mir und will nur folgende wenigen Zeilen zitieren:

Prospero: »Den festen Grund des Vorgebirgs
Hab ich erschüttert, ausgerauft am Knorren
Die Ficht und Zeder.«

Prospero ruft nach Musik, um den rasenden Alonso und seine Gefährten zu beschwichtigen.

»Ein feierliches Lied, der beste Tröster
Verirrter Fantasie, heile dein Hirn,
Das nutzlos dir im Schädel kocht.«

Sodann:

* Maß für Maß

»Allmählich löst sich die Bezauberung auf,
Und wie die Nacht der Morgen überschleicht,
Das Dunkel schmelzend, fangen ihre Sinnen
Erwachend an, den blöden Dunst zu scheuchen,
Der noch die hellere Vernunft umhüllt.

Ihr Verstand
Beginnt zu schwellen, und die nah'nde Flut
Wird der Vernunft Gestad in Kurzem füllen,
Das da liegt schwarz und schlammig.«

Die Wahrnehmung wirklicher Verwandtschaften zwischen Ereignissen (d. h. *idealer* Verwandtschaften, denn diese allein sind wirklich) gibt dem Dichter die Kraft, mit den imposantesten Formen und Phänomenen der Welt frei umzugehen und die Oberherrschaft der Seele zu behaupten.

3. Während der Dichter uns dadurch erfreut, dass er schöpferähnlich die Natur mit seinen eigenen Gedanken beseelt, unterscheidet er sich vom Philosophen nur darin, dass der eine sich die Schönheit, der andere die Wahrheit als Hauptziel steckt. Aber der Philosoph ebenso wohl wie der Dichter unterwirft die scheinbare Ordnung und die scheinbaren Beziehungen der Dinge dem Reich des Gedankens. Nach Plato ist »das Problem der Philosophie, für alles, was bedingungsweise existiert, einen unbedingten und absoluten Grund zu finden«. Es geht dies aus dem Glauben hervor, dass alle Phänomene einem Gesetz gehorchen, sodass, wenn dieses erkannt ist, sich jene voraussagen lassen. Jenes Gesetz, wenn im Geist, ist eine Idee. Es ist unendlich schön. Der wahre Philosoph und der wahre Dichter sind eins; und eine Schönheit, die Wahrheit ist, und eine Wahrheit, die Schönheit ist, ist das Ziel beider. Ist etwa der Reiz, den uns eine Definition von Plato oder Aristoteles gewährt, verschieden von dem der Antigone des Sopho-

kles? In beiden Fällen ist es ein geistiges Leben, das der Natur mitgeteilt wird. Der fest scheinende Block der Materie wird von einem Gedanken durchdrungen und geschmolzen; dies schwache Geschöpf, das wir Mensch nennen, durchschaute mit einer belebenden Seele die ungeheuren Massen der Natur und erkannte in ihrer Harmonie sich selbst wieder oder, was dasselbe ist, erfasste ihr Gesetz. Geschieht dies in der Naturwissenschaft, so entlädt sich das Gedächtnis seiner lästigen Kataloge von Einzelheiten und drängt die Beobachtung von Jahrhunderten in eine einzige Formel.

Selbst in der Naturwissenschaft also hat das Spirituelle vor dem Materiellen den Vorrang. Der Astronom, der Landvermesser verlassen sich auf ihre unumstößliche Analyse und kümmern sich nicht um die Resultate der Beobachtung. Eulers erhabene Bemerkung über sein Bogen-Gesetz: »Dies wird sich als im Widerspruch mit aller Erfahrung stehend erweisen, aber es ist trotzdem wahr«, zeigt, dass er bereits die Natur in seinen Geist verlegt und die Materie wie einen toten Körper verlassen hat.

4. Man hat die Beobachtung gemacht, dass philosophische Studien stets einen Zweifel an der Existenz der Materie erzeugen. Turgot sagte: »Wer nie an der Existenz der Materie gezweifelt hat, mag überzeugt sein, dass er für metaphysische Untersuchungen kein Talent hat.« Sie fixieren unsere Aufmerksamkeit auf unsterbliche, notwendige und unerschaffene Naturen, d. h. auf Ideen; und in ihrer schönen und majestätischen Gegenwart fühlen wir, dass unser äußeres Dasein ein Traum und ein Schatten ist. Solange wir in diesem Olympus von Göttern weilen, denken wir uns die Natur als einen Appendix der Seele. Wir steigen hinauf zu ihren Regionen und wissen, dass dies die Gedanken des Höchsten Wesens sind. »Dies sind die, welche von Ewigkeit her waren, von Anfang oder ehe die Welt war. Als er die Himmel bereitete, waren sie da; als er die Wolken am Himmel erschuf, als er stärkte die

Quellen der Tiefe. Da waren sie bei ihm, wie jemand, der mit ihm aufgewachsen. Bei ihnen holte er sich Rat.«*

Ihr Einfluss ist proportioniert. Als Gegenstände der Wissenschaft sind sie wenigen zugänglich; aber alle Menschen können sich durch Frömmigkeit oder durch Leidenschaft zu ihrer Region erheben lassen. Und kein Mensch berührt diese göttlichen Wesen, ohne in gewissem Grad selber göttlich zu werden. Wie eine neue Seele erneuen sie den Leib. Unsere physische Natur wird behände und flink; wir treten auf Luft; das Leben ist nicht länger eine Last, und wir glauben, dass es nie wieder eine Last sein wird. In ihrer fröhlichen Gegenwart fürchtet der Mensch weder Alter noch Unglück noch Tod, denn er ist dem Gebiet des Wechsels enthoben. Zu der Zeit, wo wir die Natur der Gerechtigkeit und Wahrheit unverschleiert schauen, lernen wir den Unterschied kennen zwischen dem Absoluten und Bedingten oder Relativen. Wir verstehen das Absolute. Wir existieren sozusagen zum ersten Mal. Wir werden unsterblich, denn wir werden inne, dass Zeit und Raum materielle Verhältnisse sind; dass sie mit der Erkenntnis der Wahrheit oder einem tugendhaften Willen nichts gemein haben.

5. Endlich üben Religion und Ethik, die wir füglich die Anwendung der Ideen oder die Einführung derselben ins Leben nennen könnten, eine jeder niedrigeren Kultur analoge Wirkung aus. Sie erniedrigen die Natur und machen sie abhängig vom Geist. Ethik und Religion unterscheiden sich darin, dass jene ein System der menschlichen Pflichten ist, wo man seinen Standpunkt vom Menschen aus nimmt; diese, wo man von Gott ausgeht. Die Religion schließt die Persönlichkeit Gottes in sich, nicht aber die Ethik. Für unseren gegenwärtigen Zweck sind sie eins. Sie treten beide die Natur unter ihre Füße. Die erste und letzte Lehre der Religion ist: »Die sichtbaren Dinge sind zeitlich, die unsichtbaren Dinge sind ewig.« Sie tut der Natur einen

* Buch der Sprüche 8

Schimpf an. Sie leistet den Ungeschulten denselben Dienst, den die Philosophie einem Berkeley oder Vyasa leistet. Die einförmige Sprache, die man in den Kirchen der unwissendsten Sekten hören kann, lautet: »Verachtet das unwirkliche Gepränge der Welt, es ist Eitelkeit, Traum, Schatten und nichts Wirkliches; trachtet nach den Wirklichkeiten der Religion.« Der Frömmler verhöhnt die Natur. Einige Theosophisten gelangten zu einer gewissen Feindschaft und Indignation gegen die Materie, wie die Manichäer und Plotin. Sie misstrauten jeder in ihnen entstehenden Neigung zum Umschauen nach diesen Fleischtöpfen Ägyptens. Plotin schämte sich seines Körpers. Kurz, sie könnten alle ebenso gut von der Materie sagen, was Michelangelo von äußerlicher Schönheit sagte: Sie ist das zerbrechliche und lästige Gewand, darein Gott die Seele kleidet, die er ins zeitliche Leben ruft.

Es scheint, dass Bewegung, Poesie, Naturwissenschaft, Philosophie und Religion alle darauf hinzielen, unsere Überzeugungen von der Realität der äußeren Welt zu schwächen. Aber ich muss gestehen, es verrät eine gewisse Undankbarkeit, wenn man den allgemeinen Satz, dass alle Bildung darauf hinausläuft, uns mit Idealismus zu erfüllen, zu sehr ins Einzelne verfolgt. Ich hege keine Feindschaft gegen die Natur, sondern liebe sie wie ein Kind. Ich dehne mich aus und lebe an einem warmen Tag wie Getreide und Melonen. Lasst uns gut von ihr reden. Ich trage kein Verlangen, meine schöne Mutter mit Steinen zu werfen oder mein freundliches Nest zu beschmutzen. Ich wünsche nur die rechte Stellung der Natur zum Menschen darzutun, jene Stellung, worin jede wahre Erziehung den Menschen zu befestigen sucht, den Grund und Boden nämlich, auf dessen Erreichung das menschliche Leben, d. h. des Menschen Zusammenhang mit der Natur abzielt. Die Bildung hat eine Umkehr der gewöhnlichen Ansichten von der Natur zur Folge; sie bringt den Geist dahin, dass er dasjenige scheinbar nennt, was er wirklich zu nennen pflegte, und wirklich, was er für Träumerei hielt.

Es ist wahr, Kinder glauben an die äußere Welt. Der Glaube, dass sie bloß so erscheint, ist ein späterer Gedanke; aber mit der Bildung wird dieser Glaube ebenso gewiss im Geist erstehen wie jener.

Der Vorteil, den die Ideal-Theorie vor dem populären Glauben besitzt, besteht darin, dass sie die Welt gerade in dem Licht darstellt, wie es dem Geist am meisten zusagt. Es ist in der Tat die Ansicht, die von der Vernunft vertreten wird, der spekulativen sowohl wie der praktischen, mit anderen Worten, von Philosophie und Tugend. Denn im Licht des Gedankens erscheint die Welt stets als ein Phänomen, und die Tugend ordnet sie dem Geist unter. Der Idealismus sieht die Welt in Gott. Er betrachtet den ganzen Umkreis von Personen und Sachen, von Handlungen und Ereignissen, von Land und Religion, nicht als eine mühevolle Anhäufung von Atomen und Tatsachen, die in einer alten, langsam kriechenden Vergangenheit entstanden, sondern als ein einziges ungeheures Gemälde, das Gott für die Kontemplation der Seele auf die gegenwärtige Ewigkeit malt. Deshalb hält sich die Seele fern von einem zu trivialen und mikroskopischen Studium der universalen Tafel. Sie achtet den Zweck zu sehr, um sich in den Mitteln zu vergraben. Sie sieht im Christentum etwas Wichtigeres als die Skandale der Kirchengeschichte oder die Spitzfindigkeiten der Kritik. Frei von Neugierde in Bezug auf Personen und Wunder und ohne sich stören zu lassen durch die Lücken historischer Beweisführung, nimmt sie aus der Hand Gottes das Phänomen, wie sie es findet, als die reine und hehre Gestalt der Religion in der Welt. Nicht leidenschaftlich und heiß ist ihr Benehmen bei der Erscheinung dessen, was sie ihr Glück oder Unglück nennt, bei der Vereinigung oder Opposition anderer Menschen. Kein Mensch ist ihr Feind. Sie nimmt alles hin, was sich auch zutragen mag, und lässt es sich zur Lehre dienen. Ihr Verhalten ist mehr ein beobachtendes als ein handelndes, und sie handelt bloß, um desto besser beobachten zu können.

Kapitel VII

Geist

Zu einer wahren Theorie der Natur und des Menschen gehört notwendig, dass sie etwas Progressives enthalte. Anwendungen, die erschöpft sind oder erschöpft werden können, und Tatsachen, mit denen es ein Ende hat, sobald sie dargestellt werden, enthalten unmöglich alles, was wahr ist in Bezug auf diese herrliche Wohnung, die den Menschen beherbergt und worin alle seine Fähigkeiten eine angemessene und endlose Übung finden. Und alle Anwendungen, die man von der Natur macht, lassen sich auf eine einzige reduzieren, die der Tätigkeit des Menschen einen unendlichen Spielraum gewährt. Durch alle ihre Reiche hindurch bis auf den Rand und die Außenseite der Dinge ist sie der Ursache getreu, aus der sie entsprang. Sie spricht unaufhörlich von Geist. Sie weist auf das Absolute hin. Sie ist eine beständige Wirkung. Sie ist ein großer Schatten, der stets auf die hinter uns befindliche Sonne hindeutet.

Die Erscheinung der Natur ist fromm. Wie die Gestalt Jesu steht sie mit gebeugtem Haupt und mit auf der Brust gefalteten Händen da. Der ist der glücklichste Mensch, der die Gottesanbetung von der Natur lernt.

Von jenem unaussprechlichen Wesen, das wir *Geist* nennen, wird, wer am meisten denkt, am wenigsten sagen. Wir können Gott in den grobsinnlichen und gleichsam fernen Phänomenen der Materie voraussehen, aber wenn wir ihn selber zu definieren und zu beschreiben suchen, so lassen Sprache und Gedanke uns im Stich, und wir sind so hilflos wie Narren und Wilde. Jenes Wesen will sich nicht in Lehrsätze bringen lassen, aber wenn der Mensch ihn angebetet hat mit seinem Verstand, so muss die edelste Hilfeleistung der Natur für eine Erscheinung Gottes gelten. Sie ist das große Organ, durch das der Universal-Geist zum Individuum redet und es zu sich zurückzuführen trachtet.

Wenn wir den *Geist* betrachten, so sehen wir, dass die bereits dargestellten Ansichten nicht den ganzen Umfang des Menschen in sich schließen. Wir müssen einige verwandte Gedanken hinzufügen.

Die Natur stellt dem menschlichen Geist drei Probleme. Was ist Materie? Woher ist sie? Und wozu ist sie? Die Ideal-Theorie beantwortet nur die erste dieser Fragen. Der Idealismus sagt: Die Materie ist ein Phänomen und nicht eine Substanz. Der Idealismus macht uns mit dem totalen Unterschied bekannt zwischen dem Beweis von unserem eigenen Dasein und dem Beweis vom Dasein der Welt. Jener ist vollkommen, dieser jeder Vergewisserung unfähig; der Geist ist ein Teil der Natur der Dinge, die Welt ist ein göttlicher Traum, aus dem wir vielleicht alsbald zu der Herrlichkeit und der Gewissheit des Tages erwachen. Der Idealismus ist eine Hypothese, die das Dasein der Natur durch andere Grundsätze zu erklären sucht als die des Zimmerhandwerks und der Chemie. Und doch, wenn er die Existenz der Materie bloß verneint, so lässt er die Forderungen des Geistes unbefriedigt. Er lässt Gott außerhalb meiner. Er überlässt mich in dem glänzenden Labyrinth meiner Wahrnehmungen einer endlosen Wanderung. Auch das Herz erhebt dagegen seinen Widerspruch, denn wenn das substanzielle Dasein von Männern und Frauen geleugnet wird, so werden die Herzensneigungen hintergangen. Die Natur ist so durchdrungen von menschlichem Leben, dass sich in dem Ganzen und jedem einzelnen Ding etwas Menschliches findet. Jene Theorie aber entfremdet mich der Natur und gibt keinen Aufschluss über die Blutsverwandtschaft, die wir ihr zugestehen. Stehe sie denn, bei dem gegenwärtigen Zustand unseres Wissens, als eine nützliche, einleitende Hypothese da, deren Dienst darin besteht, dass sie uns den ewigen Unterschied zwischen der Seele und der Welt schätzen lehrt.

Aber wenn wir, den unsichtbaren Schritten des Gedankens folgend, an die Fragen gelangen: Woher ist die Materie und wozu?, so erstehen aus der geheimen Tiefe unseres Bewusstseins viele Wahrheiten. Wir werden inne, dass der Höchste für die Seele des Menschen gegenwärtig ist, dass das furchtbare Universal-Wesen, das nicht die Weisheit oder die Liebe oder die Schönheit oder die Macht ist, sondern alles in einem und jedes völlig und ganz, dasjenige ist, um welches willen alle Dinge existieren, und dasjenige, durch welches sie existieren; dass der Geist erschafft; dass der Geist hinter der Natur, überall in der Natur gegenwärtig ist; dass der Geist einfach ist und nicht zusammengesetzt; dass der Geist nicht von außen auf uns wirkt, nämlich mittels Raum und Zeit, sondern in geistiger Weise oder durch uns selbst. Deshalb errichtet jener Geist, das Höchste Wesen nämlich, den Bau der Natur nicht um uns herum, sondern durch uns hindurch, gleichwie das Leben des Baumes neue Zweige und Blätter durch die Poren der alten treibt. Wie eine Pflanze auf der Erde, so ruht der Mensch am Busen Gottes. Ihn ernähren unversiegliche Quellen, und je nach seinem Bedürfnis schöpft er Fülle und Kraft. Wer kann den Möglichkeiten des Menschen eine Grenze setzen? Einmal nur inspiriere das Unendliche im Menschen, indem ihm vergönnt wird, die absoluten Naturen der Gerechtigkeit und Wahrheit zu schauen, und wir werden gewahr, dass der Mensch Zugang hat zu dem ganzen Geist des Schöpfers, selbst der Schöpfer ist im Endlichen. Diese Ansicht, die mich daran erinnert, wo die Quellen der Weisheit und Kraft liegen, und auf die Tugend hinweist als

> »Den goldenen Schlüssel,
> Welcher den Palast der Ewigkeit öffnet«,*

trägt das Merkmal der höchsten Wahrheit auf ihrer Stirn; denn sie mahnt und ermuntert mich zur Erschaffung meiner eigenen Welt mittels der Reinigung meiner Seele.

* John Milton, *Comus*

Die Welt geht aus demselben Geist hervor wie der menschliche Körper. Sie ist eine entferntere und geringere Inkarnation Gottes, eine Projektion Gottes ins Unbewusste. Aber sie unterscheidet sich vom Körper in einer Hinsicht, und zwar einer sehr bedeutenden. Sie ist nicht, wie jener, dem menschlichen Willen untertan. Ihre heitere Ordnung ist unverletzlich. Sie ist deshalb für uns der gegenwärtige Erklärer des *göttlichen* Geistes. Sie ist ein fester Punkt, woran wir unsere Abweichung messen können. In dem Maß, als wir ausarten, tritt der Kontrast zwischen uns und unserer Behausung zutage. Sind wir Fremdlinge in der Natur, so sind wir's auch bei Gott. Wir verstehen den Gesang der Vögel nicht. Der Fuchs und das Reh laufen vor uns weg; der Bär und der Tiger zerreißen uns. Nur von einigen wenigen Pflanzen kennen wir den Gebrauch, wie von Getreide und Äpfeln, von Kartoffeln und dem Weinstock. Ist nicht die Landschaft, deren flüchtigster Anblick voll Hoheit ist, Sein Antlitz? Und dies gerade kann uns zeigen, welch ein Zwiespalt obwaltet zwischen Mensch und Natur; denn du kannst eine herrliche Landschaft nicht rückhaltlos bewundern, wenn in der Nähe Leute auf dem Feld arbeiten. Der Dichter findet in seinem Entzücken etwas Lächerliches, solange er nicht weiß, dass niemand ihn sehen kann.

Kapitel VIII

Aussichten

In Untersuchungen, welche die Gesetze der Welt, die Gestalt und Beschaffenheit der Dinge betreffen, ist der tiefste Grund immer der wahrste. Dasjenige, was so ans Unmögliche zu grenzen scheint – es ist so fein und zart, ist oft darum schwach und trübe, weil es unter den ewigen Wahrheiten im menschlichen Geist am tiefsten liegt. Die empirische Wissenschaft ist geneigt, das Auge zu umwölken und gerade durch die Kenntnis der Funktionen und Prozesse den Gelehrten der mannhaften Betrachtung des Ganzen zu berauben. Der Gelehrte wird undichterisch. Aber der belesenste Naturforscher, welcher der Wahrheit eine volle und hingebende Aufmerksamkeit schenkt, wird einsehen, dass ihm noch viel zu lernen übrig bleibt von seiner Beziehung zur Welt; und dass es sich nicht durch eine Addition oder Subtraktion oder irgendeine andere Vergleichung von bekannten Größen erlernen lässt, sondern durch ungelernte Gedankensprünge erreicht wird, durch eine beständige Selbstteilung und eine vollständige Demut. Er wird wahrnehmen, dass es weit ausgezeichnetere Eigenschaften für den Lernenden gibt als Präzision und Unfehlbarkeit, dass eine Mutmaßung oft weit fruchtbarer ist als eine unbestreitbare Behauptung; und dass ein Traum uns in das Geheimnis der Natur einen tieferen Blick gewähren kann als die Übereinstimmung von hundert Experimenten.

Die Probleme nämlich, um deren Lösung es sich handelt, sind gerade diejenigen, die von dem Physiologen und dem Naturalisten mit Stillschweigen übergangen werden. Es ist für den Menschen von weniger Belang, alle Individuen des Tierreichs zu kennen, als zu wissen, woher und wozu in seinem Wesen jene tyrannisierende Einheit ist, welche die Dinge fortwährend trennt und klassifiziert, mit dem Bestreben, die verschiedensten Dinge auf eine Form zu reduzieren. Wenn ich eine üppige Landschaft betrachte, so kommt es mir weniger darauf an, genau die Ordnung und Aufeinanderlage der Schichten anzugeben, als zu wissen, warum jeder Gedanke an Vielheit sich in dem ruhigen Gefühl von Einheit verliert. Ich kann vor Genauigkeit in Details keinen großen Respekt haben, solange ich nicht sehe, dass man die Beziehung zwischen Dingen und Gedanken zu erklären sucht, solange kein Lichtstrahl auf die Metaphysik der Schneckenlehre, der Botanik, der Künste fällt, um die zwischen den Gestalten der Blumen, Muscheln, Tiere, der Architektur und dem menschlichen Geist obwaltende Beziehung zu zeigen und somit die Wissenschaft auf Ideen zu bauen. In einem Naturalienkabinett überkommt uns den bizarrsten Gestalten von Tieren, Fischen und Insekten gegenüber ein gewisses heimliches Gefühl von Wiedererkennung und Sympathie. Der Amerikaner, der sich in seinem Land auf den Anblick von Gebäuden beschränkt sah, deren Plan nach fremden Modellen entworfen wurde, wird beim Eintritt in das Münster von York oder in die Peterskirche zu Rom von dem Gefühl überrascht, dass diese Strukturen gleichfalls Nachahmungen sind – schwache Kopien eines unsichtbaren Urtypus. Auch fehlt es der Wissenschaft an der nötigen Menschlichkeit, solange der Naturforscher jene wunderbare Kongruenz zwischen Mensch und Welt übersieht, einer Welt, deren Herr er ist, nicht weil er ihr schlauester Bewohner ist, sondern weil er ihr Kopf und Herz ist und in jedem großen oder kleinen Ding ein Stück seiner selbst findet, in jeder Gebirgsschicht, in jeder astronomischen Erscheinung, in jedem neuen Farbengesetz, in jedem atmosphärischen Einfluss, den Beobachtungen oder Analyse enthüllen. Eine Wahrnehmung dieses Geheimnisses begeistert die Muse George Herberts, des schönen Psalmisten des siebzehnten Jahrhunderts. Die folgenden Verse bilden einen Teil seines kleinen Gedichts, betitelt »Der Mensch«.

Der ganze Mensch ist Symmetrie,
Proportion und Ebenmaß,
Im Verhältnis stehen die Glieder
Zueinander und der Welt.
Eines ist des anderen Bruder,
Kopf und Fuß in Freundschaft leben
Miteinander, mit den Monden,
Mit der Ebbe und der Flut.

Es hat sich nichts so weit entfernet,
Das der Mensch nicht hätt gefangen
Und als Beute es behalten.
Es zwingt sein Aug die höchsten Sterne
Herabzusteigen: Ja, im Kleinen
Ist der Mensch die ganze Sphäre.
Die Kräuter heilen unseren Körper,
Und zwar mit Freuden,
Weil als Freund sie ihn erkennen.

Um unsertwillen die Winde wehen,
Die Erde ruht, die Wolken wandern,
Die Quellen fließen. Und was wir sehen
Auf unser Bestes alles zielet,
Uns erfreuend und bereichernd.
Das Ganze dient zu unserm Nutzen,
Sei's als Schrank für Speis und Nahrung,
Sei's als Zimmer des Vergnügens.

Die Sterne leuchten uns zu Bett,
Die Nacht wirft über uns den Schleier,
Die Sonne hebt ihn wieder fort.
Musik und Licht das Haupt bedienen.
Niederfahrend und seiend
Erweiset sich alles dem Körper,
Auffahrend und wirkend
Dem Geiste hilfreich und gut.

Mehr Diener warten des Menschen,
Als er beachtet und merkt.
Er tritt, auf jedem Pfade,
Auf was ihm Freundschaft erzeiget,
Wenn er von Krankheit befallen,
Leidend ist, elend und bleich.

O gewaltige Liebe!
Die eine Welt ist der Mensch,
Und er hat eine andere
Seiner zu pflegen.

Die Wahrnehmung dieser Klasse von Wahrheiten erzeugt jene ewige Anziehungskraft, welche die Menschen zur Wissenschaft hinzieht, aber über ihrer Sucht nach Mitteln verlieren sie den Zweck aus den Augen. Im Angesicht dieses Halbdunkels der Wissenschaft stimmen wir Plato bei, wenn er sagt: »Die Poesie kommt der lebendigen Wahrheit näher als die Geschichte.« Jede Vermutung und prophetische Äußerung des menschlichen Geistes verdient einen gewissen Respekt, und wir lernen, unvollkommene Theorien und Sätze, die Lichtblicke von Wahrheiten enthalten, verdauten Systemen vorzuziehen, die uns keine einzige wertvolle Andeutung dieser Art bieten. Ein verständiger Schriftsteller wird fühlen, dass es dem Zweck des Studiums und der Komposition am meisten entspricht, wenn man unentdeckte Gedankenregionen mitteilt und somit, durch Hoffnung, den trägen Geist zu neuer Tätigkeit erweckt.

Ich will daher diesen Essay mit einigen Überlieferungen zum Menschen und der Natur schließen, die ein gewisser Dichter* mir gesungen und die, da sie immer in der Welt gewesen und vielleicht jedem Barden aufs Neue erscheinen, zugleich Geschichte und Weissagung sein mögen.

»Die Fundamente des Menschen ruhen nicht in der Materie, sondern im Geist. Aber das Element des Geistes ist Ewigkeit. Die längste Kette von Ereignissen, die ältesten Chronologien sind daher für ihn jung und neu. Im Zyklus des Universalmenschen, aus dem die bekannten Individuen hervorgehen, sind

* Gemeint ist der amerikanische Pädagoge und Philosoph Amos Bronson Alcott (1799–1888), ein Nachbar Emersons und Bewunderer seines Essays über die Natur.

Jahrhunderte Punkte, und alle Geschichte ist nur die Epoche eines Verfalls.

Innerlich misstrauen wir unserem Verständnis von der Natur und verleugnen es. Bald erkennen wir unsere Verwandtschaft mit der Natur an, bald nicht. Wir sind, wie Nebukadnezar, des Thrones und der Vernunft beraubt und essen Gras wie ein Ochse. Aber wer kann der Heilkraft des Geistes eine Grenze setzen?

Der Mensch ist ein Gott in Trümmern. Wenn die Menschen unschuldig sind, soll das Leben länger dauern und ins Unsterbliche hinübergleiten, so sanft wie das Erwachen aus einem Traum. Nun, die Welt wäre toll und verrückt, wenn diese Auflösung Hunderte von Jahren dauern sollte. Tod und Kindheit halten sie in Schach. Kindheit ist der immerwährende Messias, der in die Arme gefallener Menschen kommt und sie ersucht, zurückzukehren ins Paradies.

Der Mensch ist der Zwerg seiner selbst. Einst wurde er von Geist durchdrungen und geschmolzen. Seine überfließenden Ströme füllten die Natur. Aus ihm sprangen Sonne und Mond, aus dem Mann die Sonne, aus der Frau der Mond. Die Gesetze seines Geistes, die Perioden seiner Handlungen fanden ihre äußere Gestalt in Tag und Nacht, in Jahr und Jahreszeiten. Aber nachdem er sich diese ungeheure Schale geschaffen, flossen seine Wasser zurück, er füllt nicht länger die Adern und Äderchen; er ist zu einem Tropfen verschrumpft. Er sieht, dass die Struktur ihm noch passt, aber viel zu groß ist. Besser gesagt, einst passte sie ihm, jetzt entspricht sie ihm von ferne und von oben. Furchtsamlich verehrt er sein eigen Werk. Jetzt ist der Mann der Nachfolger der Sonne und die Frau die Nachfolgerin des Mondes. Und doch erhebt er sich bisweilen plötzlich aus seinem Schlummer und wundert sich über sich selbst und seine Behausung und versinkt in seltsame Gedanken über die Ähnlichkeit zwischen ihm selber und ihr. Er wird inne, dass, wenn sein Gesetz noch das mächtigere ist, wenn er noch Elementarkraft hat, wenn sein Wort noch echt und gültig ist in der Natur, dies keine bewusste Kraft ist, nicht gehorsam seinem Willen, sondern über ihn erhaben. Es ist Instinkt.« Also sang mein orphischer Dichter.

Gegenwärtig richtet der Mensch nur seine halbe Kraft auf die Natur. Er wirkt auf die Welt nur mit seinem Verstand. Er lebt in ihr und meistert sie durch eine Pfennigweisheit; und derjenige, der am meisten in der Welt arbeitet, ist nur ein halber Mensch, und während seine Arme stark sind und seine Verdauung vortrefflich, vertiert sein Geist, und er ist wie ein selbstsüchtiger Wilder. Seine Beziehung zur Natur, seine Macht über sie, ist durch den Verstand, wie durch Dünger: der rationelle Gebrauch von Feuer, Wind, Wasser und dem Kompass; Dampf, Kohlen, Ackerbau mit Chemie; Heilung des menschlichen Körpers durch Zahnärzte und Ärzte. Dies ist so eine Wiedererlangung von Macht, wie wenn ein verbannter König seine Länder zollweise zurückkaufen sollte, anstatt sich sofort auf seinen Thron zu schwingen. Inzwischen fehlt es bei der großen Dunkelheit nicht an den Strahlen eines besseren Lichts, an einzelnen Beispielen von der Einwirkung des Menschen auf die Natur mit seiner ganzen Kraft, mit der Vernunft sowohl wie mit dem Verstand. Zu solchen Beispielen gehören: die Wundererzählungen aus den ältesten Zeiten aller Völker, die Geschichte Jesu Christi, die Vollbringungen eines Prinzips wie in religiösen und politischen Revolutionen und der Abschaffung des Sklavenhandels, sodann die Wunder des Enthusiasmus, wie sie von Swedenborg, Hohenlohe und den Shakern berichtet werden; und viele dunkle und doch unbestrittene Tatsachen, die sich unter den Namen »animalischer Magnetismus« reihen; Gebet, Beredsamkeit, Selbstheilung und die Weisheit der Kinder. Dies sind Beispiele von dem momentanen Ergreifen des Zepters vonseiten der Vernunft – Kraftanstrengungen, die nicht in Zeit oder Raum existieren, sondern eine plötzlich hereinströmende treibende Kraft. Der Unterschied zwischen der tatsächlichen und ideellen Kraft des Menschen wurde von den Scholastikern in einem sehr passenden Bild dargestellt, indem sie sagten, dass die Kenntnis des Menschen eine Abendkenntnis, *vespertina cognitio*, die Kenntnis Gottes aber eine Morgenkenntnis, *matutina cognitio*, sei.

Die Wiederherstellung der ursprünglichen und ewigen Schönheit der Welt ist ein Problem, das seine Lösung in der Erlösung der Seele findet. Der Verfall oder die Leere, die wir sehen, wenn wir die Natur anschauen, liegt in unserem eigenen Auge. Die Sehachse fällt nicht zusammen mit der Achse der Dinge, und daher erscheint sie nicht durchsichtig, sondern opak. Der Grund, warum es der Welt an Einheit gebricht, warum sie haufenweise und zerstückt daliegt, ist darin zu suchen, dass der Mensch mit sich selbst uneins ist. Solange er nicht alle Anforderungen des Geistes befriedigt, kann er kein Naturverständiger sein. Liebe ist ebenso erforderlich als Wahrnehmung. Keines kann in der Tat vollendet sein ohne das andere. Im letzten Sinne des Wortes ist Gedanke Andacht und Andacht Gedanke. Tiefe spricht zur Tiefe. Aber im wirklichen Leben wird diese Ehe nicht vollzogen. Es gibt unschuldige Menschen, die Gott nach der Überlieferung ihrer Väter anbeten, aber ihr Pflichtgefühl hat sich noch nicht auf den Gebrauch aller ihrer Kräfte ausgedehnt. Auch gibt es geduldige Naturforscher, aber in dem winterlichen Licht ihres Verstandes machen sie ihren Gegenstand gefrieren. Ist nicht auch das Gebet ein Suchen nach Wahrheit, ein Flug der Seele ins ungefundene Unendliche? Kein Mensch hat je von Herzen gebetet, ohne etwas zu lernen. Aber wenn ein redlicher Denker, entschlossen, jeden Gegenstand von persönlichen Rücksichten loszutrennen und ihn im Licht des Gedankens zu sehen, zu gleicher Zeit die Wissenschaft mit dem Feuer der heiligsten Empfindungen entzündet, dann auch wird Gott von Neuem sichtbar in der Schöpfung.

Wenn der Geist zum Forschen bereit ist, braucht er nicht nach Objekten zu suchen. Das unveränderliche Merkmal der

Weisheit ist, das Wunderbare im Gewöhnlichen zu sehen. Was ist ein Tag? Was ist ein Jahr? Was ist der Sommer? Was ist die Frau? Was ist ein Kind? Was ist der Schlaf? In unserer Blindheit scheinen diese Dinge unbedeutsam. Wir machen Fabeln, um die Nacktheit der Tatsache zu verbergen, und passen letztere dem sogenannten höheren Gesetz des Geistes an. Wird aber die Tatsache im Licht einer Idee angeschaut, so verwelkt und verschrumpft die prunkende Fabel. Wir erschauen dann das wirkliche höhere Gesetz. Den Weisen ist daher eine Tatsache wahre Poesie und die schönste der Fabeln. Diese Wunder erscheinen vor unserer eigenen Tür. Auch du bist ein Mensch. Mann und Frau und deren Zusammenleben, Armut, Arbeit, Schlaf, Furcht, Glück und Unglück sind dir keine unbekannten Dinge. Wisse denn, dass keins von diesen Dingen oberflächlich ist, sondern dass jedes Phänomen seine Wurzeln in den Fähigkeiten und Gefühlen des Geistes hat. Während die abstrakte Frage deinen Verstand beschäftigt, bringt die Natur sie in konkreter Gestalt als eine Aufgabe für deine Hände. Es wäre eine sinnvolle Untersuchung fürs einsame Stübchen, Punkt für Punkt, besonders bei außerordentlichen Lebenskrisen, unsere tägliche Geschichte mit dem Steigen und Fortschritt der Ideen unseres Geistes zu vergleichen.

Auf diese Weise werden wir dann die Welt mit neuen Augen ansehen. Sie wird die endlose Untersuchung des Verstandes – Was ist Wahrheit? – und die des Gefühls – Was ist gut? – beantworten, indem sie sich dem gebildeten Willen gegenüber völlig passiv verhält. Dann soll sich ereignen, was mein Dichter sagte: Die Natur ist nicht bewegungslos, sondern flüssig. Der Geist ändert, gestaltet und erschafft sie. Die Unbeweglichkeit oder Unmenschlichkeit der Natur ist Mangel an Geist; für den reinen Geist ist sie flüssig, ist sie flüchtig, ist sie gehorsam. Jeder Geist baut sich ein Haus und über sein Haus hinaus eine Welt und über seine Welt hinaus einen Himmel. Wisse denn, dass die Welt um deinetwillen da ist. Um deinetwillen ist das Phänomen vollkommen. Nur was wir sind, das können wir sehen. Alles, was Adam hatte und Cäsar vermochte, das hast du und vermagst du. Adam nannte sein Haus Himmel und Erde, Cäsar nannte sein Haus Rom, du vielleicht nennst das deinige ein Schuhflickerhandwerk, hundert Morgen gepflügten Landes oder ein Studierzimmer. Indessen dein Reich ist Strich für Strich und Punkt für Punkt ebenso groß als das ihrige, wenn auch ohne glänzende Namen. Baue deshalb deine eigene Welt. So schnell als du dein Leben in Einklang bringst mit der reinen Idee in deinem Geist, sodass dessen große Verhältnisse sich entfalten – eine entsprechende Revolution in den Dingen wird dem Hereinströmen des Geistes folgen –, so schnell werden unangenehme Erscheinungen wie Schweine, Spinnen, Schlangen, Pestilenz, Tollhäuser, Gefängnisse, Feinde verschwinden. Diese sind temporär und sollen nicht mehr vorkommen. Der Schmutz und Kot der Natur soll in der Sonne vertrocknen und im Wind verdunsten. Wie wenn der Sommer kommt aus dem Süden, die Schneehügel schmelzen und das Angesicht der Erde allmählich grün wird, so soll der fortschreitende Geist seine Zierden schaffen auf seinem Pfad und soll bei sich tragen die Schönheit, die er besucht, und den Gesang, der ihn entzückt. Er soll schöne Gesichter hervorbringen und warme Herzen, verständige Reden und heldenhafte Taten rings auf seinem Weg, bis das Übel nicht mehr gesehen wird. Die königliche Herrschaft des Menschen über die Natur, die nicht mit äußeren Gebärden kommt – eine Herrschaft, wie sie über seinen jetzigen Traum von Gott weit hinausgeht –, soll er mit weniger Erstaunen antreten, als der Blinde fühlt, der allmählich den vollkommenen Gebrauch seiner Augen wiedergewinnt.

Selbstvertrauen

»Ne te quaesiveris extra!«*

Ich las jüngst einige Verse von der Hand eines berühmten Malers; sie waren ungewöhnlich, und nichts an ihnen war konventionell. In solchen Zeilen vernimmt die Seele stets eine mächtige Mahnung, der Inhalt mag sein, welcher er will. Das Gefühl, das sie einflößen, ist wertvoller als die tiefsten Gedanken, die sie enthalten könnten. An den eigenen Gedanken zu glauben – zu glauben, dass, was für uns im Innersten unserer Seele wahr ist, wahr sein muss für alle Welt –, das ist Genius. Sprich deine geheimste Überzeugung aus, und sie wird bald die allgemeine sein. Denn das Geheimste wird seiner Zeit das Offenbarste, und unsere ersten Gedanken sind es, die uns in den Posaunen des Jüngsten Gerichts entgegentönen. Jedem klingt die Stimme des Geistes vertraut, und das höchste Verdienst, das wir Plato, Moses und Milton zuschreiben, ist, dass sie Bücher und Traditionen hintansetzten und aussprachen, nicht was die Leute, sondern was sie selbst dachten. Der Mensch sollte sich mehr bemühen, den Lichtstrahl, der aus seinem eigenen Innern durch seine Seele flammt, zu entdecken und zu beachten als allen Sternenglanz am Firmament der Sänger und Weisen. Und doch lässt er gewöhnlich seinen eigenen Gedanken unbeachtet – weil es der seine ist. In jedem

* Suche dich nicht außerhalb deiner selbst!

Werk des Genies finden wir unsere eigenen Gedanken widergespiegelt, sie kommen mit einer fremden Majestät bekleidet zu uns zurück. Die größten Werke der Kunst geben uns keine ergreifendere Lehre als die, an unserem spontanen Eindruck mit fröhlicher Unbeugsamkeit festzuhalten, und gerade dann am meisten, wenn das ganze Stimmengezeter für die Gegenseite ertönt. Sonst wird morgen ein Fremder mit meisterhaftem Verständnis gerade das aussprechen, was wir die ganze Zeit über gedacht und gefühlt haben, und wir sehen uns mit Beschämung gezwungen, unsere Meinung von einem anderen zu entlehnen.

In der Entwicklung jedes Menschen kommt der Augenblick, in dem er erkennt, dass Neid, Unwissenheit, Nachahmung Selbstmord ist; dass er sich selbst schlecht und recht als seinen Anteil am Leben hinnehmen muss, dass, obgleich das weite Weltall des Guten voll ist, kein Körnchen Nahrung ihm zukommen kann außer durch seine eigene Mühe auf dem Ackerfeld, das gerade ihm zum Bebauen gegeben wurde. Die Kraft, die in ihm ruht, ist neu in der Natur, und nur er weiß, was er leisten kann, und auch er nicht eher, als bis er es versucht hat. Nicht umsonst macht ein Gesicht, ein Charakter, ein Ereignis mächtigen Eindruck auf ihn und andere nicht. Diese Empfänglichkeit des Gedächtnisses beruht in einer prästabilierten Harmonie. Das Auge wurde dort angebracht, wohin ein bestimmter Strahl fallen sollte, um eben diesen Strahl aufzunehmen. Wir sprechen uns immer nur halb aus und schämen uns der göttlichen Idee, die jeder von uns darstellt. Wir könnten uns ruhig auf sie verlassen, sie ist schon gut und führt zu glücklichen Zielen, wenn wir sie nur getreulich mitteilen wollten; aber durch Feiglinge will Gott seine Werke nicht offenbar machen. Der Mensch fühlt sich gehoben und fröhlich, wenn er sein Herz in ein Werk getan und sein Bestes gegeben hat; aber was er anders gesagt und getan, gewährt ihm keinen Frieden. Es ist eine Befreiung, die nicht befreit. Im Versuch selbst lässt sein Genius ihn im Stich, die Muse weicht von ihm, kein Einfall, keine Hoffnung kommt ihm zu Hilfe.

Vertraue dir selbst! Jedes Herz vibriert mit dieser eisernen Saite. Nimm den Platz hin, den die göttliche Vorsehung für dich ausgesucht hat, die Gesellschaft deiner Zeitgenossen, die Kette der Ereignisse. Große Männer haben immer so getan und sich wie Kinder dem Genius ihrer Zeit überlassen, hierdurch verratend, dass das, was ein so unsägliches Vertrauen verdiente, in ihren eigenen Herzen thronte, durch ihre Hände schuf, ihr ganzes Sein beherrschte. Und wir sind nun Männer und müssen uns im höchsten Sinne demselben transzendentalen Schicksal überlassen, nicht wie Unmündige und Invalide im warmen Ofenwinkel, nicht wie Feiglinge, die vor Revolutionen flüchten, sondern als Führer, Wohltäter und Erlöser, die dem allmächtigen Trieb gehorchen und durch Chaos und Dunkel vorwärtsschreiten.

Welch zierliche Erläuterungen zu diesem Text gibt uns die Natur im Angesicht und Betragen der Kinder und selbst der Tiere! Ihr Geist ist noch nicht rebellisch und in sich zerrissen; sie kennen das Misstrauen gegen das Gefühl nicht, das uns lähmt, weil unsere Rechenkunst die Kräfte und Hindernisse, die sich unseren Zwecken entgegenstellen, abgemessen hat. Ihr Geist ist noch ein Ganzes, ihr Auge unbezwungen, und wenn wir ihnen ins Antlitz schauen, werden wir verlegen. Das Kind passt sich niemandem an, alle fügen sich in seine Art, sodass ein Baby gewöhnlich vier oder fünf aus den Erwachsenen macht, die mit ihm schwätzen und spielen. So hat Gott Kindheit, Jugend und Mannheit jede mit ihrem eigenen Reiz ausgestattet und beneidenswert und anmutig gemacht, sodass ihre Ansprüche nicht zurückgewiesen werden können, wenn sie sich auf sich selbst stützen. Glaubt nur nicht, dass der Junge machtlos ist, weil er mit unsereinem nicht reden kann. Hört nur, im nächsten Zimmer ist seine Stimme klar und sicher genug. Mit seinen Altersgenossen weiß er offenbar zu reden.

Schüchtern oder keck wird er uns Erwachsene dort höchst überflüssig machen.

Die Gleichmütigkeit von Knaben, die ihres Mittagessens gewiss sind und die es ebenso sehr wie ein Fürst verschmähen würden, auch nur das Geringste zu tun oder zu sagen, um sich eins zu verschaffen – das ist die gesunde Haltung der menschlichen Natur. Ein Bub im Salon ist wie der Olymp im Theater, unabhängig und unverantwortlich schaut er die Leute und Dinge, die ihm vor die Augen kommen, untersucht und beurteilt sie in der raschen summarischen Art der Kinder als gut oder schlecht, interessant oder dumm, unterhaltend oder lästig. Er kümmert sich nicht um Folgen und Interessen und fällt ein unabhängiges und wahrhaftes Urteil. Ihr müsst euch um ihn bemühen, er bemüht sich nicht um euch. Der erwachsene Mensch aber liegt in den Banden des Bewusstseins und der Reflexion. Sobald er einmal etwas getan oder gesprochen, was die öffentliche Aufmerksamkeit auf ihn zieht, ist er gleichsam ein Arrestant, die Sympathie oder der Hass von Hunderten begleiten seinen Weg, und er muss mit ihren Gefühlen rechnen. Dafür gibt es keine Lethe. Ja wenn man sich wieder in seine Neutralität zurückziehen könnte! Wer alle Verpflichtungen vermeiden könnte und, nachdem er einmal beobachtet, weiter beobachten könnte mit derselben unbefangenen, freien, unbestechlichen und unerschrockenen Unschuld, müsste immer furchtbar sein. Er könnte Meinungen äußern über alles, was da geschieht; jeder würde fühlen, dass sie von keinem Interesse beeinflusst, keine Privatmeinungen, sondern allgemeine notwendige Wahrheit sind; seine Aussprüche würden wie Pfeile in die Ohren der Menschen dringen und sie mit Furcht erfüllen.

Dies sind die Stimmen, die wir in der Einsamkeit hören, aber sie werden schwach und unhörbar, sobald wir in das Weltgewühl treten. Die Gesellschaft ist überall gegen die Mannheit jedes ihrer Mitglieder verschworen. Die Gesellschaft gleicht einer Aktiengesellschaft, deren Mitglieder, um jedem Aktionär sein tägliches Brot zu sichern, übereingekommen sind, die Freiheit und selbständige Ausbildung jedes Brotessers zu opfern. Ihre gesuchteste Tugend ist Konformität. Selbständigkeit ist ihr verhasst. Sie liebt nicht Wirklichkeiten und Schöpfer, sondern Gebräuche und Namen.

Wer da ein Mann sein will, muss ein Dissident sein. Wer Unsterbliches erringen will, der darf sich durch das Wort »gut« nicht beeinflussen lassen, sondern muss prüfen, was wirklich gut ist. Zuletzt ist nichts heilig als die Integrität des eigenen Geistes. Sprich dich selber los, und du wirst die Stimme der Welt haben. Ich erinnere mich einer Antwort, die ich als junger Bursch beinahe unwillkürlich einem geschätzten Ratgeber gab, der mich mit den lieben alten Lehren der Kirche zu quälen pflegte. Als ich nämlich sagte: »Was hab ich mit der Heiligkeit der Tradition zu tun, wenn ich ganz nach den Geboten meines Innern lebe?«, meinte mein Freund: »Aber diese Impulse können leicht vom Bösen und nicht von oben kommen!«, und ich erwiderte: »Es scheint mir nicht, dass dies der Fall ist, aber wenn ich des Teufels Kind bin, dann will ich auch nach des Teufels Geboten leben!« Kein Gesetz kann mir heilig sein als das meiner eigenen Natur. »Gut« und »schlecht« sind nur Namen, die man leicht auf dies und jenes übertragen kann. Recht ist einzig und allein, was meinem Wesen entspricht, unrecht nur, was ihm widerspricht. Ein Mann muss sich selbst aller Opposition zum Trotz durchsetzen; als ob alles außer ihm nur ein Schein- und Eintagsleben führen würde. Es ist eine Schande, wie leicht wir vor Namen und Ordenszeichen, vor Gesellschaften und toten Institutionen kapitulieren. Jedes anständige und gut beleumundete Individuum bestimmt und beeinflusst mich mehr als recht ist. Ich sollte aufrecht und lebenskräftig einhergehen und die raue Wahrheit auf allen Wegen sprechen. Wenn Bosheit und Eitelkeit das Gewand der Philanthropie anlegen – soll ihnen das durchgehen? Wenn ein ärgerlicher Mucker die schöne Sache der Sklavenbefreiung in die Hand nimmt und mir mit den letzten Nachrichten von Barbados daherkommt, warum soll ich ihm nicht sagen: »Geh und liebe deine Kinder, liebe die Leute, die das Holz für dich hacken, sei freundlich und bescheiden und sei froh, wenn diese Gnade dir zuteilwird, und verbräme deinen harten lieblosen Ehrgeiz nicht mit dieser unglaublichen Liebe für schwarze Menschen, die tausend Meilen von dir entfernt sind!« Rau und unlieblich würde ein solcher Gruß allerdings klingen, aber die Wahrheit ist besser als diese Liebesheuchelei. Auch die Güte muss eine gewisse Schärfe haben, sonst ist sie keine. Wenn die Lehre der Liebe jammert und winselt, dann muss die des Hasses als Gegengift gepredigt werden. – Ich fliehe Vater und Mutter, Frau und Kind, wenn mein Genius ruft – »Laune!« möchte ich über meine Tür schreiben. Innerlich hoffe ich wohl, es ist etwas Besseres als Laune, aber ich kann meine Zeit nicht mit Erklärungen verlieren. Verlangt nur nicht, dass ich euch meine Gründe sage, warum ich Gesellschaft suche oder fliehe. Und erzählt mir nicht, wie heute ein guter Mann getan, dass ich verpflichtet sei, die Lage aller armen Leute zu verbessern. Sind sie meine Armen? Ich sage dir, du törichter Philanthrop, dass ich mit dem Taler, dem Groschen, dem Pfennig geize, wenn ich ihn Leuten geben soll, die so wenig zu mir gehören wie ich zu ihnen. Es gibt eine Klasse von Menschen, denen ich durch alle geistige Wahlverwandtschaft verkauft und zu eigen bin – für sie will ich im Zuchthaus sterben, wenn es sein muss; aber eure verschiedentlichen Wohltätigkeitsvereine, eure Schulen für Kretins, eure Vereinsbauten für den eitlen Zweck, dem so viele jetzt nachjagen, Almosen für Säufer und die tausendfachen Unterstützungsvereine – ob ich gleich zu meiner Schande gestehen muss, dass ich manchmal unterliege und den Taler hergebe – es ist ein übel verwendeter Taler, und ich werde mit der Zeit Manns genug werden, ihn zu verweigern.

Tugenden sind – nach der gewöhnlichen Meinung – eher die Ausnahme als die Regel. Man kennt den Menschen und seine Tugenden. Die Menschen vollbringen eine sogenannte gute Tat wie irgendein Kraftstück oder ein Almosen, ungefähr wie sie ein Pönale für das Ausbleiben von der Parade zahlen würden. Sie tun ihre Werke gleichsam als eine Entschuldigung und Sühne ihres gewöhnlichen Lebens, so wie Kranke und Irrsinnige ein hohes Kostgeld zahlen. Ihre Tugenden sind Strafgelder. Ich aber will nicht sühnen, ich will leben. Und ich lebe fürs Leben und nicht für den Schein. Und ich will lieber ein Leben in bescheidener Niedrigkeit, aber echt und gleichmäßig, als ein glänzendes und haltloses Leben führen. Ich will es gesund und wohlig – und nicht Diät halten und jeden Augenblick zur Ader lassen müssen. Ich will auf den ersten Blick erkennen, dass einer ein Mann ist, und verweigere die Berufung vom Menschen an seine Taten. Ich für meine Person weiß, dass es ganz gleichgültig ist, ob ich die Handlungen, die man für vortrefflich hält, ausführe oder unterlasse. Ich kann mich nicht dazu verstehen, für ein Privilegium zu zahlen, auf das ich ein natürliches Recht habe. Gering und ärmlich mögen meine Gaben sein, aber ich bin, wie ich bin, und brauche kein Amtszeugnis zu meiner und meiner Mitmenschen Gewissheit.

Mich kümmert einzig, was ich zu tun habe, nicht was die Leute denken. Diese Regel, gleich schwer zu befolgen im wirklichen wie im geistigen Leben, macht den ganzen Unterschied zwischen Größe und Gemeinheit aus. Sie ist umso schwerer, weil sich immer Leute finden, die da besser zu wissen meinen, was deine Pflicht ist, als du selbst. Es ist leicht, in der Welt nach der Meinung der Welt zu leben, es ist in der Einsamkeit leicht, nach seiner eigenen zu leben – aber der große Mensch ist der, welcher inmitten der Menge ohne zu streiten die Unabhängigkeit der Einsamkeit zu bewahren weiß.

Der Grund, weshalb wir uns Gebräuchen, die für uns tot sind, nicht fügen dürfen, liegt darin, dass wir unsere Kräfte damit vergeuden. Wir verlieren mit ihnen unsere Zeit, und sie verwischen das Bild unseres Charakters. Wenn du eine tote Kirche aufrechterhältst, einer toten Bibelgesellschaft beisteuerst, mit einer großen Partei für oder gegen die Regierung stimmst, offene Tafel hältst, wie so viel niederträchtiges Volk – wie soll ich unter all diesen Schalen den Kern deines Wesens entdecken? All die Kraft, die du auf diese Erbärmlichkeiten verwendest, wird dem wirklichen Leben entzogen. Aber tu dein Werk, und man wird dich kennen. – Tu dein Werk, und neue Kräfte werden dich durchströmen. Jede männliche Seele sollte bedenken, was für ein Blindekuh-Spiel die gesellschaftliche Gleichförmigkeit ist. Wenn ich die Sekte kenne, der einer angehört, weiß ich auch schon, was er denkt. Ein Prediger kündigt an, er werde heute über die Zweckmäßigkeit einer Institution seiner Kirche sprechen. Weiß ich nicht voraus, dass er unmöglich ein neues und ursprüngliches Wort sagen kann? Weiß ich nicht voraus, dass, sosehr er sich den Anschein gibt, die Gründe der betreffenden Institution zu prüfen, er das durchaus nicht tun wird? Weiß ich nicht voraus, dass er vor sich selbst gebunden ist, die Sache nur von einer Seite anzuschauen, von der ihm erlaubten Seite, nicht als Mensch, sondern als Geistlicher? Er ist ein bestellter Anwalt, und das Pathos der Advokaten ist die leerste Heuchelei. Nun wohl, die meisten Menschen haben ihre Augen mit dem einen oder anderen Tuch verbunden und sich einer der landläufigen Meinungen angeschlossen. Diese gesellschaftliche Orthodoxie hat zur Folge, dass sie nicht etwa in einigen Einzelheiten falsch werden, einige wenige Lügen mitmachen, sondern sie werden durch und durch verfälscht. Keine Wahrheit, die von ihnen ausgeht, ist ganz wahr. Ihr Zwei ist nicht das richtige Zwei, ihr Vier nicht das richtige Vier, sodass jedes Wort, das sie sprechen, uns verstimmt und wir nicht wissen, wo wir anfangen sollen, sie zu berichtigen. Und die Natur säumt nicht, uns die Sträflingsuniform der Partei, der wir angehören, anzumessen, wir kommen mit der Zeit dahin, alle ein und dasselbe Gesicht zu schneiden, und gewinnen allmählich einen sanften, eselhaften Ausdruck. Eine ärgerliche Erfahrung dieser Art, die sich sogar in die Weltgeschichte eingeschlichen hat, macht jeder, ich meine das »blöde Beifallslächeln«, das gezwungene Lächeln, das wir in einer Gesellschaft aufstecken, in der wir uns nicht wohlfühlen, mit dem wir ein Gespräch beantworten, das uns nicht interessiert. Die Gesichtsmuskeln, nicht willkürlich, sondern von einer die Herrschaft an sich reißenden Unterströmung des Willens bewegt, verzerren sich mit dem unangenehmsten Gefühl.

Den Dissidenten geißelt die Welt mit ihrem Missfallen. Und darum muss ein Mann wissen, wie hoch er ein saures Gesicht anzuschlagen hat. Die Umstehenden sehen ihn scheel an auf den Straßen und im Salon des Freundes. Wenn diese Abneigung einer Verachtung und einem Widerstand entspringen würde, die seinem eigenen gleichen, dann hätte er allerdings Grund, mit traurigem Gesicht nach Hause zu gehen; aber die scheelen Gesichter der Menge haben so wenig als die freundlichen einen tieferen Grund, sondern werden angenommen und abgelegt, je nachdem der Wind bläst oder die Zeitung befiehlt. Und doch ist die Unzufriedenheit der Menge fürchterlicher als die des Parlaments und der Fakultäten. Für einen festen Mann, der die Welt kennt, ist es gar nicht so schwer, der Wut der gebildeten Stände zu trotzen. Ihre Wut ist anständig und behutsam, sie sind sehr vorsichtig, denn sie wissen zu gut, wie leicht verwundbar sie selbst sind. Aber wenn zu ihrer ohnmächtigen weiblichen Wut die Empörung des Volkes hinzutritt, wenn die Armen und Unwissenden aufgereizt werden, wenn die sinnlose, brutale Kraft, die im Grunde der menschlichen Gesellschaft ruht, zu knurren und das Maul zu verzerren beginnt, dann bedarf es sicherer Gewöhnung in Hochherzigkeit und Religion, um es wie ein Gott als unbedeutende Kleinigkeit zu betrachten.

Ein anderer Popanz, der uns von selbständigem Handeln abschreckt, ist die Konsequenz; eine sonderbare Ehrfurcht vor unseren vergangenen Worten und Taten, weil die Augen der anderen keine anderen Daten haben, um unsere Bahn zu berechnen, als diese und wir sie nicht gern enttäuschen mögen.

Aber warum sollen wir denn ewig den Kopf über die Schulter zurückdrehen? Warum diesen Leichnam im Gedächtnis mit dir schleppen, damit du nur ja nie dem widersprichst, was du einmal da oder dort an öffentlichem Ort gesagt hast? Und wenn du dir einmal widersprichst, was ist denn dran? Es ist eine alte Weisheitsregel, sich nie auf sein Gedächtnis allein zu verlassen, selbst dort nicht, wo es bloß aufs Gedächtnis ankommt – sondern immer die Vergangenheit vor den Richterstuhl der tausendäugigen Gegenwart zu bringen und stets in neuen Tagen zu leben. – In deiner Metaphysik hast du der Gottheit die Persönlichkeit abgesprochen; wenn aber eines Tages eine inbrünstige Frömmigkeit deine Seele ergreift und erfüllt, gib ihr mit ganzer Seele nach und lass sie deinen Gott immerhin mit Gestalt und Farbe bekleiden. Lass deine Theorie, wie Josef seinen Mantel in den Händen der Hure, und fliehe!

Eine unvernünftige Konsequenz ist der Plagegeist und das Schreckgespenst aller kleinen Geister, angebetet von den kleinen Staatsmännern, Philosophen und Geistlichen. Mit Konsequenz hat eine große Seele einfach nichts zu tun. Ebenso wichtig wäre es, sich um seinen Schatten an der Wand zu kümmern. Sprich, was du heute denkst, in harten Worten, und morgen sprich, was du morgen denkst, wieder in harten Worten, und wenn du jedes Wort des heut Gesprochenen widerrufen müsstest. – »Ja, aber dann wirst du sicherlich missverstanden werden.« – Ist es denn so schlimm, missverstanden zu werden? Pythagoras wurde missverstanden und Sokrates und Jesus und Luther und Kopernikus und Galileo und Newton und jeder reine und weise Geist, der hienieden jemals zu Fleisch wurde. Groß sein heißt missverstanden werden.

Ich meine, kein Mensch kann seiner Natur Gewalt antun. Alle Seitensprünge seines Willens sind vom Gesetz seines Wesens eingerundet, wie die Ungleichheiten der Anden und des Himalaya an der Erdkurve verschwinden. Auch ist es gleichgültig, wie du ihn eichen und erproben magst. Ein Charakter ist wie ein Akrostichon oder eine alexandrinische Strophe: vorwärts, rückwärts, über quer gelesen, gibt er immer denselben Wortlaut. In diesem lieblichen bescheidenen Waldleben, das Gott mir gewährt, will ich Tag für Tag meine ehrlichen Gedanken aufzeichnen, ohne vorwärts noch rückwärts zu schauen; und ich zweifle nicht, sie werden harmonisch erscheinen, ohne dass ich's will noch weiß. Mein Buch muss vom Duft der Pinien erfüllt sein und vom Summen der Insekten widertönen. Die Schwalbe über meinem Fenster soll den Strohhalm in ihrem Schnabel in das Gewebe meines Geistes schlingen. Wir gelten für das, was wir sind. Über den Kopf unseres Wollens hin offenbart sich unser Charakter. Die Menschen bilden sich ein, dass sie ihre Tugenden und Fehler nur durch offene Handlungen zur Kenntnis bringen – und merken nicht, dass Tugend und Fehler mit jedem Atemzug sich verraten.

In den denkbar verschiedensten Handlungen muss Übereinstimmung herrschen, wenn nur jede zu ihrer Stunde ehrlich und natürlich ist, denn die Handlungen eines Willens müssen harmonisch sein, wie ungleich sie auch scheinen. In einer kleinen Entfernung, bei einer gewissen Höhe des Gedankens verliert man die Verschiedenheiten aus dem Gesicht. Eine Richtung vereint alle, die Fahrt des besten Schiffes ist eine Zickzacklinie mit hundert Zacken. Betrachtet man die Linie aus einer genügenden Entfernung, so streckt sie sich zu einer geraden, die der Durchschnittsrichtung entspricht. Jede aufrichtige Tat erklärt sich selbst und wird auch all deine anderen aufrichtigen Taten erklären. Damit dass du so tust, wie die anderen tun, erklärst du nichts. Handle selbständig, und was du bereits selbständig getan, wird dich heute rechtfertigen. Größe appelliert an die Zukunft. Wenn ich heute fest genug bin, recht zu tun und den Augen zu trotzen, so muss ich schon so viel recht getan haben als genug ist, mich heute zu verteidigen. Sei dem übrigens wie immer – tu heute recht! Trotze immer dem Schein, und du darfst ihm immer trotzen! Die Kraft des Charakters ist eine kumulative. Alle rechtschaffenen Tage der Vergangenheit teilen dem heutigen ihre Gesundheit mit. Woher kommt die Majestät der Helden des Senats und des Schlachtfeldes, die unsere Einbildungskraft gefangen nimmt? Von dem Bewusstsein, dass ein ganzer Zug großer Tage und Siege ihren Schritten folgt. Wie eine Aureole leuchten ihre vereinigten Strahlen um das Haupt des vorschreitenden Helden. Sie geben ihm wie eine sichtbare Schar von Engeln das Geleit. Das ist es, was Chathams Stimme dem Donner gleich macht, was Washingtons Betragen mit Würde erfüllt und Amerika aus Adams' Auge leuchten macht. Ehre flößt uns Ehrfurcht ein, weil sie keine Eintagserscheinung ist. Sie ist immer altbewährte Tüchtigkeit. Wir ehren sie heute, weil sie nicht von heute ist. Wir lieben sie und huldigen ihr, weil sie unserer Liebe und Huldigung keine Fallen stellt, sondern nur von sich selbst abhängig, sich selbst entsprossen ist und darum, auch wo sie dem Jüngsten zuteilwird, einen alten, unbefleckten Stammbaum hat.

Ich hoffe, wir haben in diesen Tagen von Konformität und Konsequenz zum letzten Mal reden gehört. Die Worte sollen von nun an an den Pranger gestellt und lächerlich gemacht werden. Anstatt des Gongs, der uns zum Mittagessen ruft, müssen wir den Ton der spartanischen Kriegspfeife vernehmen. Wir müssen damit aufhören, uns zu verbeugen und zu entschuldigen. – Ein großer Mann kommt heute, um in meinem Haus zu speisen. Ich begehre nicht, ihm zu gefallen, ich begehre, dass er mir zu gefallen wünsche. Ich will die Menschheit vor ihm vertreten, und ob ich es gleich gütig tun möchte, vor allem will ich es wahr tun. Wir müssen die glatte Mittelmäßigkeit und schäbige Zufriedenheit der Zeit beleidigen und zurückweisen – und der guten Sitte, dem Handel, der Amtsstube die Tatsache ins Gesicht schleudern, die das Resultat der ganzen Weltgeschichte ist: dass ein großer verantwortlicher Denker und Macher schafft, wo immer ein Mensch schafft, dass ein wahrer Mensch keiner anderen Zeit und keinem anderen Raum angehört, sondern das Zentrum aller Dinge ist. Wo er ist, da ist die Natur. Er misst dich und alle Menschen und alle Ereignisse. Gewöhnlich erinnert uns jede Person in der Gesellschaft an irgendetwas anderes oder an irgendeine andere Person. Nur Charakter und Realität erinnern an nichts anderes, sie nehmen die ganze Schöpfung ein. Der Mensch muss so viel sein, dass er Lage, Umstände und Umgebung gleichgültig macht. Jeder wahre Mensch ist eine Kausalität, ein Land, ein Zeitalter, braucht unendlich viel Raum und Zeit und Zahlen, um seine Pläne ganz zu realisieren; und die Nachwelt scheint seinen Schritten wie ein Klientenzug zu folgen. Der Mensch Cäsar wird geboren, und durch Jahrhunderte nachher haben wir ein römisches Kaiserreich. Christus wird geboren, und Millionen von Seelen klammern und heften sich so an seinen Geist, dass er mit dem Guten und Menschenmöglichen selbst verwechselt wird. Jede Institution ist der verlängerte Schatten eines einzigen Menschen: das Mönchstum der des Eremiten Antonius; die Reformation der Luthers; des Quäkertum Fox'; der Methodismus Wesleys, die Sklavenbefreiung der Clarksons. Milton nannte Scipio den »Gipfel Roms«; und die ganze Weltgeschichte löst sich mit Leichtigkeit in die Biografien einiger weniger kraftvoller und ernster Gestalten auf.

Darum soll der Mensch seinen Wert kennen und die Welt zu seinen Füßen niederhalten; und in dieser Welt, die für ihn da ist, nicht ängstlich gucken und sich herumstehlen und schleichen wie ein Bettelknab oder ein Schleichhändler oder ein Findelkind. Leider fühlt sich der Mensch in der Straße, wenn er zu Türmen und marmornen Götterbildern emporblickt, gedemütigt, weil er in sich keinen Wert fühlt, welcher der Kraft, die diese geschaffen, entspräche. Paläste, Bildsäulen und kostbare Bücher sehen ihn fremd und gebieterisch an, ungefähr wie eine prunkvolle Einrichtung, und scheinen ihn wie diese zu fragen: Wer sind Sie eigentlich, mein Herr? Und doch sind sie alle sein, bitten ihn, sie zu bemerken, wenden sich an seine Fähigkeiten, sich hervorzubemühen und von ihnen Besitz zu ergreifen. Jedes Bild wartet auf mein Urteil; es hat mir nichts vorzuschreiben, ich bin es, der seinen Anspruch auf Lob oder Tadel festzustellen hat. Das beliebte Märchen von dem betrunkenen Bettler, der vollgesoffen in der Straße aufgepackt, in das Haus des Herzogs gebracht, daselbst gewaschen und gekleidet, in des Herzogs eigenes Bett gelegt und beim Erwachen mit all der untertänigen Feierlichkeit wie der Herzog selbst behandelt und dem versichert wurde, dass er bisher wahnsinnig gewesen, verdankt seine Volkstümlichkeit dem Umstand, dass es den Zustand des Menschen so wunderbar symbolisiert, der in der Welt wie ein Trunkener wandelt und hier und da aufwacht, zu klarer Besinnung kommt und erkennt, dass er ein Fürst im vollsten Sinn des Wortes ist.

Unsere Lektüre ist bettelhaft und schmarotzend. In der Geschichte sind wir die Narren unserer Fantasie. Königtum und Lordschaft, Macht und Staat sind freilich pomphaftere Worte als die einfachen Namen John und Edward in bescheidenen Häusern und bei gewöhnlicher Tagesarbeit. Aber das Leben ist für beide dasselbe – die Gesamtsumme beider ist die gleiche. Wozu all diese Rücksicht für Alfred und Gustav und Skanderbeg? Angenommen, sie waren brave Leute, ist alle Bravheit mit ihnen heimgegangen? Bei dem unbeachteten Schritt, den du heute tun sollst, steht ein ebenso großer Einsatz auf dem Spiel, als ihrem öffentlichen und berühmten Schritt folgte. – Wenn Privatleute erst mit selbständigen Zielen handeln werden, dann wird der Glanz, der heute die Handlungen der Könige umgibt, auf die des einfachen Gentlemans übertragen werden.

Die Welt ist durch ihre Könige, die die Augen der Nationen so magnetisiert haben, belehrt worden. An diesem kolossalen Symbol lernte sie die gegenseitige Ehrfurcht, die der Mensch dem Menschen schuldig ist. Die fröhliche Loyalität, mit der die Menschen es überall gelitten haben, dass der König, der Edle, der Reiche nach seinen eigenen Gesetzen unter ihnen wandelte, sein eigenes Maß an Menschen und Dinge legte und das ihre umstieß, für Vorteil und Dienste nicht mit Gold, sondern mit Ehren zahlte und das Gesetz in seiner eigenen Person verkörperte, war das hieroglyphische Zeichen, mit dem sie das Bewusstsein ihres eigenen Adels und Rechtes, das Recht jedes einzelnen Menschen, dunkel andeuteten.

Die magnetische Wirkung, die alles selbständige Handeln auf uns ausübt, erklärt sich, sobald wir nach dem Grund des Selbstvertrauens forschen. Wem traut man eigentlich, wenn man sich selbst vertraut? Was ist jenes Ur-Selbst, auf das ein allgemeines Vertrauen und Weltberuhen gegründet werden kann? Welche Natur, welche Kraft besitzt jener Stern ohne Parallaxe, ohne berechenbare Elemente, der aller Wissenschaft spottet und doch mit einem Strahl von Schönheit selbst ganz gewöhnliche, ja unreine Handlungen verklärt, sobald sich nur die geringste Spur von Unabhängigkeit darin offenbart? Die Forschung führt uns zu jener Quelle, die zugleich die Quintessenz des Genies, der Sittlichkeit und des Lebens ist, die wir Ursprünglichkeit oder Instinkt nennen. Wir bezeichnen dieses primäre Wissen als Intuition, während alle spätere Erkenntnis auf Beobachtung und Belehrung beruht. Aus dieser geheimnisvollen Kraft, dieser letzten Tatsache, hinter die unsere Forschung nie gelangen kann, nehmen alle Dinge ihren gemeinsamen Ursprung. Denn das Gefühl des Seins, das in unserer Seele, wir wissen nicht wie, in stillen Stunden auftaucht, ist nicht unterschieden von Raum und Zeit, vom Licht, vom Menschen und von den Dingen, sondern eins mit ihnen und strömt offenbar aus derselben Quelle, aus der auch ihr Leben und Dasein quillt. Erst teilen wir das Leben, durch das die Dinge existieren, später sehen wir sie als Erscheinungen der Natur und vergessen, dass wir teil an ihrem Grund haben. Hier liegt die Quelle allen Tuns und Denkens. Von hier strömt jene Inspiration, die dem Menschen Weisheit verleiht und die zu leugnen (die wahre) Irreligiosität und Atheismus ist. Wir ruhen im Schoß eines unendlichen Geistes, der uns zu Gefäßen seiner Wahrheit und Werkzeugen seiner Tätigkeit macht. Wenn wir etwas als recht, als wahr erkennen, dann handeln nicht wir, sondern wir gewähren nur seinen Strahlen den Durchgang. Wenn wir fragen, woher dies kommt, wenn wir nach der Ur-Seele spähen, die der letzte Grund der Dinge ist, erweist alle Philosophie sich ohnmächtig. Ihr Dasein oder Nichtdasein ist alles, was wir bestätigen können. Jeder Mann unterscheidet zwischen den willkürlichen Handlungen seines Geistes und seinen unwillkürlichen Wahrnehmungen und weiß, dass die letzteren den vollkommensten Glauben verdienen. Man kann in der Wiedergabe derselben irren, aber jeder weiß, dass sie unbestreitbar sind wie Tag und Nacht. Meine willkürlichen Handlungen und Erlernungen sind höchst unsicher; aber die müßigste Träumerei, die leiseste ursprüngliche Regung macht mich aufmerksam und neugierig. Gedankenlose Leute sind ebenso geneigt, Wahrnehmungen zu widersprechen wie Meinungen, ja noch viel geneigter, denn sie unterscheiden nicht zwischen Wahrnehmungen und Ideen. Sie meinen, dass ich dies oder jenes sehen will. Aber Wahrnehmungen sind unvermeidlich und hängen nicht von Wunsch oder Laune ab. Wenn ich eine Sache sehe, so werden meine Kinder sie nach mir sehen und im Laufe der Zeit alle Welt – obgleich vielleicht keiner sie vor mir gesehen. Denn dass ich sie wahrgenommen, ist eine so feststehende Tatsache wie die Sonne.

Die Beziehungen der Seele zum göttlichen Geist sind so rein, dass jeder Versuch, Vermittler einzuschieben, wie eine Profanation erscheint. Wenn Gott spricht, kann er nicht eins mitteilen, sondern alles; muss die Welt mit seiner Stimme erfüllen; Licht, Natur, Zeit und Seelen aus dem Mittelpunkt des gegenwärtigen Gedankens ausstreuen; neu die Schöpfung schaffen und einen neuen ersten Tag. Wenn die einfältige Seele göttliche Weisheit empfängt, dann schwindet alles Alte – Mittel, Lehrer, Bücher, Tempel fallen; der Augenblick ist Leben; Zukunft und Vergangenheit schließt die gegenwärtige Stunde ein. Alles heiligt die Beziehung. Alle Dinge lösen sich auf zu ihrem Zentrum in dem Ding, das sie schuf, und in dem allumfassenden Wunder verschwinden all die kleinen Einzelwunder. Wenn daher ein Mensch vorgibt, von Gott zu wissen und zu sprechen, und euch zu den Redensarten einer alten, vermoderten Nation, in eine andere Zeit, eine andere Welt zurückführt, glaubt ihm nicht! Ist die Eichel besser als die Eiche, die ihre Erfüllung und Vollendung ist? Ist der Erzeuger besser als das Kind, in das er sein gereiftes Wesen übertragen? Woher also dieser Kultus des Vergangenen? Die Jahrhunderte sind Verschwörer gegen die Gesundheit und Autorität des Geistes. Raum und Zeit sind nur physiologische Farben, die das Auge schafft; der Geist ist Licht; wo er ist, ist Tag; wo er war, ist Nacht; und die Geschichte ist eine anmaßende Beleidigung, wenn sie mehr als eine heitere Apologie oder Parabel meines Seins und Werdens ist.

Der Mensch ist furchtsam und bittet beständig um Verzeihung. Er geht nicht mehr aufrecht einher und getraut sich nicht zu sagen: »Ich denke«, »Ich bin«, sondern zitiert irgendeinen Heiligen oder Weisen. Der Grashalm und die blühende Rose beschämen ihn. Die Rosen unter meinem Fenster berufen sich nicht auf frühere Rosen oder bessere; sie geben sich als das, was sie sind; sie leben heute mit Gott. Sie kennen keine Zeit, sie sind Rosen, vollkommen in jedem Augenblick ihres Daseins. Ehe die Blattknospe sprang, war ein volles Leben tätig; in der reichen Blüte ist nicht mehr, im entblätterten Strauch nicht weniger. Sie ist befriedigt und befriedigt die Natur in jedem Augenblick ihres Daseins. Aber der Mensch verschiebt oder gedenkt; er lebt nicht in der Gegenwart, sondern klagt zurückgewendeten Auges um die Vergangenheit oder stellt sich, unbekümmert um die Schätze, die ihn umgeben, auf die Fußspitzen, um die Zukunft zu erspähen. Und er kann nicht eher stark und glücklich sein, als bis auch er im Bunde mit der Natur im Augenblick ein zeitloses Dasein führt.

Das sollte klar genug sein. Und dennoch, es ist zum Staunen, welch starke Geister noch immer nicht Gott selbst zu hören wagen, wenn er nicht die Sprache irgendeines David, Jeremias oder Paulus spricht. Die Zeit wird kommen, wo wir diesen wenigen Texten und Personen keinen so großen Wert mehr beilegen werden. Wir gleichen Kindern, die die Weisheitssprüchlein ihrer Großmütter und Lehrer nachleiern, wenn sie älter werden, diejenigen bedeutender Menschen, die sie zufällig gelernt haben – immer ängstlich bemüht, den genauen Wortlaut im Kopf zu behalten. Spät erst, wenn sie zu den Gesichtspunkten jener gelangen, welche diese Maximen aufstellten, geht ihnen der Sinn auf, und sie lassen die Worte fahren, denn nun können sie die entsprechenden Worte ebenso gut allein finden. Wenn wir richtig leben, werden wir richtig schauen. Es ist für den Starken ebenso leicht, stark zu sein, wie für den Schwachen, schwach zu sein. Wer selbst stets Neues aufnimmt, kann sein Gedächtnis leicht der angehäuften Schätze wie von ebenso viel angehäuftem Plunder entlasten. Wenn ein Mensch mit Gott lebt, wird seine Stimme süß klingen wie das Murmeln des Baches und das Rauschen des Korns.

Und nun bleibt die höchste Wahrheit über dieses Thema zuletzt ungesagt und kann wohl gar nicht gesagt werden; denn alles, was wir sagen, ist nur entfernte Erinnerung an die Intuition. Der Gedanke, mit dem ich ihr am nächsten kommen kann, ist folgender: Wenn das Hohe dir nahe ist, wenn du Leben in dir hast, dann kommt es auf keinem bekannten oder gewohnten Weg: Du wirst keine fremde Fußspur auf deinem Pfad finden, du wirst keines Menschen Antlitz sehen, du wirst keinen Namen hören, der Pfad, der Gedanke, das Hohe wird völlig fremd und neu sein. Es wird Beispielen und Erfahrungen widersprechen. Du musst deinen Weg von den Menschen fort, nicht zu ihnen nehmen. Alle Personen, die je existierten, sind seine vergessenen Diener. Furcht und Hoffnung reichen nicht zu ihm hinauf. Selbst in der Hoffnung liegt etwas Niedriges. In der Stunde der Vision empfinden wir nichts, was Dankbarkeit, ja nichts, was eigentlich Freude genannt werden könnte. Die über alle Leidenschaften erhobene Seele schaut die Identität und ewige Kausalität, erfasst und begreift die Selbstexistenz der Wahrheit und des Rechts und wird immer ruhevoller in der Erkenntnis, dass alles wohlgeordnet ist. Die weiten Räume der Natur, der Atlantische Ozean und die Südsee, die ungeheuren Zeiträume, Jahre und Jahrhunderte schwinden. Dies, was ich denke und fühle, lag jedem früheren Leben und Sein zugrunde, wie es meinem jetzigen zugrunde liegt – so dem, was Leben genannt wird, wie dem, was Tod genannt wird.

Nur das Leben hat Wert, nicht das Gelebt haben. Im Augenblick der Ruhe hört alle Kraft auf. Sie existiert nur im Augenblick des Übergangs aus einem Zustand in einen neuen, im Wirbel der Strömung, im Pfeil, der nach seinem Ziel fährt. Dies ist es, was die Welt hasst: das Werden des Geistes; denn es raubt der Vergangenheit allen Schimmer, wandelt Reichtum in Armut, Ehre in Schande, verwechselt den Heiligen mit dem Schurken, stellt Jesus und Judas Seite an Seite. Was schwatzen wir nur von Selbstvertrauen? Solange der Geist in uns ist, ist Kraft in uns, nicht vertrauend, sondern treibend und führend. Von Vertrauen sprechen ist nur eine arme, äußerliche Redensart. Besser wär's, von dem zu sprechen, was sicher ruht, weil es wirkt und schafft. Wer besser gehorchen kann als ich, übermeistert mich, und wenn er gleich keinen Finger rührte. Um ihn muss ich kreisen nach dem Gravitationsgesetz der Geister. Noch halten wir es für eine Redefigur, wenn wir von hervorragender Tugend sprechen. Wir haben noch nicht eingesehen, dass Tugend wirklich Höhe ist und dass ein Mensch oder eine Schar von Menschen, die plastisch und für die ewigen Prinzipien empfänglich sind, nach dem Naturgesetz alle Städte, Völker, Könige, Reiche und Dichter niederreiten und überwältigen müssen, die es nicht sind.

Dies ist der letzte Schritt, zu dem wir hier wie überall so schnell gelangen: die Auflösung aller Dinge in das ewigheilige Eine. Selbst-Existenz ist das Attribut des Höchsten Grundes.

Nach dem Grad, in dem sie niedrigeren Formen eigen ist, bildet sie das Maß alles Guten. Alle Dinge haben so viel reales Dasein, als sie sittliche Kraft besitzen: Handel, Hausführung, Jagd, Walfang, Krieg, Beredsamkeit, die Macht der Persönlichkeit sind alle etwas und zwingen mir als Beweise der Gegenwart und wenn auch unreinen Wirkung dieser Kraft eine gewisse Achtung ab. Das gleiche Gesetz schafft in der Natur Erhaltung und Wachstum. In der Natur ist Kraft das wesentliche Maß des Rechts. Sie duldet nichts in ihren Reichen, was sich nicht selbst erhalten kann. Die Entstehung und das Reifen des Planeten, seines Gewichts und seiner Bahn, die Widerstandskraft des gebeugten Baumes, der sich vom Stoß des Sturms erholt, die lebendigen Hilfsquellen jeder Pflanze und jedes Tieres sind ebenso viele Beweise und Äußerungen des sich selbst genügenden und darum selbst vertrauenden Geistes.

So strebt alles dem Mittelpunkt zu – lasst uns nicht umherirren! Lasst uns daheim beim Ur-Grund bleiben! Lasst uns den eindringenden Schwarm von Menschen und Büchern und Institutionen durch die einfache Erklärung der göttlichen Wirklichkeit betäuben und mit Staunen füllen! Heißt die Eindringlinge die Schuhe von den Füßen ziehen, denn hier ist Gott! Unsere Einfalt soll sie richten und unsere Fügsamkeit in unser eigenes Gesetz sie lehren, wie arm Natur und Glück vor unseren angeborenen Schätzen sind.

Aber jetzt sind wir Pöbel. Der Mensch hat vor dem Menschen keine Ehrfurcht, noch fühlt sein Genius die Mahnung, daheim zu bleiben und aus dem inneren Ozean zu schöpfen, sondern geht umher und bettelt um einen Trunk Wasser aus den Krügen der anderen. Wir müssen allein gehen. Mir ist die schweigende Kirche vor dem Beginn der Messe lieber als die beste Predigt. Wie entfernt, wie kühl, wie keusch erscheinen die Menschen, wenn jeden ein Vorhof, ein Heiligtum umgibt! So wollen wir immer bleiben. Müssen wir denn die Fehler unseres Freundes, unserer Frau, unseres Vaters oder Kindes annehmen, weil sie um denselben Herd mit uns sitzen oder vom selben Blut sein sollen? Alle Menschen sind von meinem Blut, und ich von dem aller Menschen. Dennoch will ich ihre Begehrlichkeit oder Narrheit nicht einmal so weit anerkennen, dass ich mich ihrer schäme. Aber deine Absonderung darf nicht nur mechanisch, sondern muss geistig sein – das heißt, sie muss Erhebung sein. Zu Zeiten scheint die ganze Welt sich verschworen zu haben, dich mit gewichtigen Kleinigkeiten zu belästigen. Ein Freund, ein Klient, ein Kind, Furcht, Krankheit, Not und Mildtätigkeit, alle klopfen zugleich an die Tür deines Gemaches und rufen: »Komm zu uns!« – Aber du bleibe für dich und lasse dich nicht in ihre Verwirrung zerren. Nur durch schwächliche Neugier mache ich es den Menschen möglich, mich zu verstimmen. Kein Mensch kann mir nahe kommen außer durch mein eigenes Tun. »Was wir lieben, ist unser; aber durch Begierde berauben wir uns der Liebe.«

Und wenn wir uns nicht sogleich zum Heiligtum des Glaubens und Gehorsams emporschwingen können, so wollen wir wenigstens der Versuchung widerstehen, wollen uns in Kriegsrüstung werfen und wollen Thor und Wotan, Mut und Standhaftigkeit in unserer Sachsenbrust erwecken. In unseren glatten Zeiten heißt es da vor allem die Wahrheit sprechen. Diese erlogene Gastfreundlichkeit und erlogene Sympathie muss ein Ende haben. Du kannst nun nicht mehr so leben, wie es diese betrogenen Betrüger, die unseren Verkehr bilden, erwarten. Sprich zu ihnen: O Vater, o Mutter, o Frau, o Bruder, o Freund, ich habe mit euch bisher nach dem Schein gelebt. Von nun an ist die Wahrheit mein Weg. Wisset, dass ich von nun an keinem Gesetz mehr gehorche außer dem ewigen Gesetz. Ich will von keinem Bund mehr wissen, ich will nur mehr euer Nachbar sein. Ich werde mich bemühen, meine Eltern zu erhalten, meine Familie zu ernähren, der keusche Gatte einer Frau zu sein – aber all diese Pflichten muss ich auf einem neuen, ungewohnten Weg erfüllen. Ich kümmere mich um eure Sitte nicht. Ich muss ich selbst sein.

Ich kann mich nicht länger für dich oder für dich opfern. Wenn ihr mich lieben könnt, wie ich bin, umso besser, wir werden beide umso glücklicher sein; wenn ihr mich nicht lieben könnt, so will ich mich dennoch bemühen, eure Liebe zu verdienen. Ich will meine Neigungen und Abneigungen nicht verbergen. Ich bin so fest überzeugt, dass alles Tiefe heilig ist, dass ich kühn vor Sonne und Mond das tun will, was immer mich innerlich erfreut und wozu mein Herz mich antreibt. Wenn du edel bist, will ich dich lieben; wenn du es nicht bist, will ich weder dich noch mich durch erheuchelte Aufmerksamkeiten beleidigen. Wenn du ein wahrer Mensch bist, aber einer anderen Wahrheit folgst als ich, so halte dich an deine Gefährten, ich will meine eigenen suchen. Ich tue dies nicht aus Selbstsucht, sondern in Demut und Wahrhaftigkeit. Es ist dein Interesse, wie meines und das aller Menschen, wie lange wir auch in Lügen gelebt haben mögen, von nun an in Wahrheit zu leben. Scheint dies heute hart? Du wirst es bald lieben, was dir deine Natur so gut, wie die meine mir, vorschreibt; und wenn wir beide der Wahrheit folgen, so wird sie uns beide zuletzt zum Heil führen. Ich werde dadurch meinen Freunden wehtun? Mag sein; aber ich kann nicht meine Kraft und Freiheit verkaufen, um ihre Empfindlichkeit zu schonen. Übrigens haben alle Leute vernünftige Augenblicke, manchmal wird jedem ein Einblick in die Region der ewigen Wahrheit gegönnt. Dann werden sie mich rechtfertigen und dasselbe tun.

Der Pöbel meint, dass du den allgemeinen Sittenkodex verwirfst, weil du alle Sittengesetze verwirfst – aus bloßem Antinomismus –, und Menschen, die frech ihren Sinnen leben, werden ihren Lastern den Goldmantel der Philosophie umhängen. Aber das Gesetz liegt nicht in der Lust, sondern im Gewissen, und dies Gesetz bleibt. Es gibt zwei Beichtstühle, vor den einen oder den anderen müssen wir treten. Du kannst den Kreis deiner Pflichten erfüllen, indem du dich auf direktem oder indirektem Weg rechtfertigst. Du magst sehen, ob du deinen Beziehungen zu Vater und Mutter, Vetter und Nachbar, zur ganzen Stadt, zu Katz und Hund Genüge getan hast, ob einer von diesen dir einen Vorwurf machen kann. Aber ich kann diesen indirekten Maßstab auch fahren lassen und mich vor mir selber absolvieren. Ich stelle an mich meine eigenen ernsten Forderungen und habe einen vollkommenen Wirkungskreis. Ich verweigere gar vielen Dingen den Namen der Pflicht, die man gewöhnlich Pflichten nennt. Aber wenn ich nur mein eigenes Schuldbuch entlasten kann, dann kann ich mich vom allgemeinen Kodex dispensieren. Wenn irgendein Mensch glaubt, dieses Gesetz sei lax, so möge er versuchen, einen einzigen Tag lang seine Gebote zu erfüllen.

Und wahrlich, der Mann muss etwas Gottähnliches haben, der es wagen darf, die gemeinen Beweggründe der Menschen zu verwerfen und sich selbst sein eigener Zuchtmeister zu sein. Hoch muss sein Herz sein, treu sein Wille, klar sein Gesicht, auf dass er in vollem Ernst sich selbst Lehre, Gesellschaft und Gesetz sei, dass für ihn ein einfacher Vorsatz dasselbe bedeute, was die eiserne Notwendigkeit für andere ist.

Wer den gegenwärtigen Zustand dessen, was man vorzugsweise »die Gesellschaft« nennt, betrachtet, wird die Notwendigkeit dieser Ethik begreifen. Es ist, als ob Sehnen und Herz aus den Menschen gezogen wären; wir sind furchtsame, kleinmütige Winseler geworden. Wir fürchten uns vor der Wahrheit, wir fürchten uns vor dem Schicksal, wir fürchten uns vor dem Tod, und wir fürchten uns einer vor dem anderen. Unsere Zeit bringt keine großen und vollkommenen Persönlichkeiten hervor. Wir brauchen Männer und Frauen, die das Leben und die sozialen Zustände neu schaffen, und müssen doch sehen, wie die meisten Naturen bankrott sind und nicht einmal ihre eigenen Bedürfnisse befriedigen können, einen Ehrgeiz haben, der mit ihrem wirklichen Können in gar keinem Verhältnis steht, und Tag und Nacht, unaufhörlich betteln und borgen. Unser Hausführen ist bettelhaft, unsere Kunst, unsere Beschäftigungen, unsere Heiraten, unsere Religion haben nicht wir gewählt, sondern die Gesellschaft für uns. Wir sind Salonhelden. Wir scheuen das rauere Schlachtfeld des Schicksals, auf dem allein die Kraft geboren wird.

Wenn unseren jungen Leuten der erste Versuch missglückt, verlieren sie allen Mut. Wenn ein junger Kaufmann falliert, sagen die Leute: »Der Mann ist zugrunde gegangen!« Wenn der begabteste Kopf, der an einer unserer Universitäten studiert hat, nicht ein Jahr später in einem Amt in Boston oder New York angestellt ist, so glauben er und seine Freunde, dass er ein Recht habe, sehr niedergeschlagen zu sein und sich sein Leben lang zu beklagen. Ein handfester Bursch aus New Hampshire oder Vermont, der es der Reihe nach mit allen Professionen versucht, als Kutscher, Farmer, Hausierer, Schulmeister, der predigt, Zeitungen herausgibt, zuletzt Kongressmitglied wird und ein ganzes Stadtgebiet ankauft und immer wie eine Katze auf die Füße fällt, ist mehr als hundert solcher Stadtpuppen wert. Er hält Schritt mit seinen Tagen und schämt sich nicht, kein »Studierter« oder »gelernter Fachmann« zu sein, denn er verschiebt sein Leben nicht, sondern lebt bereits. Er hat nicht eine Aussicht, sondern hundert Aussichten. Dass doch ein Stoiker wieder aufträte und die inneren Hilfsquellen des Menschen eröffnete und ihnen sagte: dass sie keine schwächlichen Ranken sind, sondern sich frei machen können und müssen, dass sie, sowie sie Selbstvertrauen lernen, neue Kräfte entdecken werden, dass der Mensch das fleischgewordene Wort ist, geboren, um den Völkern das Heil zu bringen, dass er sich unseres Mitleids schämen sollte und dass im Augenblick, wo er aus seiner eigenen Natur heraus handelt und Gesetze und Bücher, Götzen und Sitten zum Fenster hinauswirft, wir ihn nicht länger bemitleiden, sondern dankbar verehren – ein solcher Lehrer würde dem Menschenleben wieder Glanz verleihen und seinen Namen aller Geschichte teuer machen.

Es ist leicht zu erkennen, dass nur ein größeres Selbstvertrauen eine heilsame Umwälzung in allen Beziehungen und Tätigkeiten der Menschen herbeiführen kann: in ihrer Religion, ihrer Erziehung, ihren Beschäftigungen, ihrer Lebensweise, ihrer Geselligkeit, ihren Eigentumsverhältnissen und in ihren philosophischen Anschauungen!

1. Was für Gebete erlauben sich die Menschen! Was sie Gottesdienst nennen, zeigt nicht einmal männlichen Mut, geschweige denn heiligen Geist. Jedes Gebet ist ein Umsehen nach fremder Hilfe, ein Flehen um Kräftigung durch ein fremdes Verdienst und verliert sich in unendliche Irrgänge von Natürlichem und Übernatürlichem, von Mittlertum und Wundern. Jedes Gebet, das irgendeinen besonderen Vorteil, das etwas anderes, etwas Geringeres als die höchste Gnade, als alles Gute verlangt, ist blasphemisch. Das wahre Gebet ist die Betrachtung der Dinge dieses Lebens vom höchsten Gesichtspunkt aus. Es ist das Selbstgespräch der beschauenden und entzückten Seele. Es ist der Geist Gottes, der da ausspricht, dass sein Werk gut sei. Aber das Gebet als Mittel, irgendein privates Ziel zu erreichen, ist Gemeinheit und Diebstahl. Es setzt einen Dualismus in der Natur voraus anstatt Bewusstsein und Einheit. Ein Mensch, der mit Gott eins ist, wird nie beten. Er wird in jedem Tun ein Gebet erkennen. Das Gebet des Landmannes, der in seinem Acker kniet, um ihn zu jäten, das Gebet des Schiffers, der mit dem Schlag seines Ruders kniet – das sind wahre Gebete, die die ganze Natur vernimmt, obgleich es sich um Geringes handelt. Wie Caratach in Fletchers »Bonduca« sagt, da er ermahnt wird, den Sinn des Gottes Audat zu erforschen:

> »In unserm Streben ist sein Sinn verborgen,
> Die Tapferkeit ist unser bester Gott!«

Eine andere Art falscher Gebete sind Bedauern und Reue. Unzufriedenheit ist immer Mangel an Selbstvertrauen und Willensschwäche. Unglücksfälle soll man bedauern, wenn dem Betroffenen damit geholfen wird; wenn aber nicht, so geh an deine

Arbeit, und das Übel wird sich lindern. Unser Mitleid ist ein ebenso niedriges. Wir kommen zu denen, die da töricht weinen, und setzen uns hin und plärren mit ihnen, anstatt ihnen Wahrheit und Gesundheit in rauen elektrischen Schlägen mitzuteilen, indem wir sie noch einmal mit ihrer eigenen Vernunft in Verbindung setzen. Das Geheimnis des Glücks ist: Freude am Werk unserer Hände. Willkommen Göttern und Menschen ist der Mann, der sich selbst hilft – ihm öffnen sich alle Türen, ihn grüßen alle Zungen, ihn krönen alle Ehren, alle Blicke folgen ihm begierig nach. Unsere Liebe kommt ihm entgegen und umarmt ihn, weil er sich nicht um sie bewarb. Wir liebkosen und feiern ihn besorgt und reuig, weil er seinen eigenen Weg ging und unsere Missbilligung verachtete. Die Götter lieben ihn, weil die Menschen ihn hassten. »Für den ausharrenden Sterblichen«, sprach Zoroaster, »sind die seligen Unsterblichen schnell!«

So wie die Gebete der Menschen eine Krankheit des Willens sind, so ist ihr Glaube eine Krankheit des Intellekts. Sie sagen gleich jenen törichten Israeliten: »O lasst nicht Gott zu uns sprechen, auf dass wir nicht sterben; sprich du, spreche irgendeiner von euch, und wir wollen gehorchen!« Nirgend kann ich Gott in meinem Bruder finden, weil er die Tore seines eigenen Tempels geschlossen hat und nur Fabeln von seines Bruders oder von seines Bruders Bruders Gott erzählt. Jeder neue Geist entspricht einer neuen Klassifikation. Wenn es ein Geist von ungewöhnlicher Kraft und Tätigkeit ist, ein Locke, ein Lavoisier, ein Hutton, ein Bentham, ein Fourier, so zwingt er seine Klassifikation auch anderen auf, und siehe, wir haben ein neues System! Je tiefer der Grundgedanke desselben ist, je mehr Dinge es dem Jünger fassbar macht, umso größeren Erfolg wird es haben. Aber nirgends zeigt sich dies so wie bei Kirchen und Religionen, denn auch diese sind nichts anderes als Systeme irgendeines gewaltigen Geistes, der den elementaren Gedanken der Pflicht und die Beziehungen des Menschen zum Höchsten zu seinem Gegenstand machte. Calvinismus, Quäkerismus, Swedenborgismus sind solche Systeme. Der Jünger der neuen Lehre findet ebenso viel Freude daran, alle Dinge der neuen Terminologie einzureihen, wie ein wissbegieriges Kind, das eben Botanik gelernt hat und nun eine neue Erde, einen neuen Frühling entdeckt. Und eine Zeit lang wird er fühlen, dass sein Geist in dem Maße wächst, als er in den seines Meisters eindringt. Aber in allen unsicheren Seelen wird alsbald das System vergöttert und für das Ziel gehalten, was doch nur ein rasch abgebrauchtes Mittel ist; die Grenzen des Systems verschwimmen ihrem Auge am fernen Horizont mit den Grenzen des Weltalls, und die Himmelslichter scheinen ihnen an dem Bogen, den ihr Meister aufgebaut, zu hängen. Sie können nicht begreifen, wie ihr Heterodoxen ein Recht zu sehen habt – wie ihr nur überhaupt sehen könnt. »Ihr müsst uns das Licht geradezu gestohlen haben!« Sie fassen noch nicht, dass das unbezwingliche, in kein System zu sperrende Licht in jede Zelle dringt – selbst in die ihre. Mögen sie eine Weile zirpen und es ihr Eigen nennen. Wenn sie ehrlich sind und recht tun, so wird ihr zierliches neues Bretterdach bald zu eng und niedrig werden, wird sich biegen, wird springen, faulen und schwinden, und das unsterbliche Licht wird jung und freudig, millionenfarbig, millionenstrahlig über das Weltall wie am ersten Morgen leuchten.

2. Es ist gleichfalls nur Mangel an Selbstbildung, dass der Aberglaube des Reisens, dessen Götzen Italien, England, Ägypten sind, seinen Zauber für alle wohlerzogenen Amerikaner behält. Diejenigen, welche England, Italien oder Griechenland so anziehend und ehrfurchtgebietend für unsere Fantasie machten, bewirkten dies dadurch, dass sie fest an ihrer Scholle klebten, als wäre sie die Achse der Erde. In männlichen Stunden fühlen wir, dass die Pflicht unseren Platz bestimmt. Der Geist ist kein Reisender; der weise Mann bleibt daheim, und wenn das Bedürfnis oder die Pflicht ihn hinausruft und ihn auf die Straße oder in die Fremde führt, ist er dennoch zu Hause, und am Ausdruck seines Antlitzes fühlen die Menschen, dass er als ein Missionar

der Sittlichkeit und Weisheit dahinzieht und Städte und Menschen wie ein Souverän, nicht wie ein Bedienter oder Schleichhändler besucht.

Ich bin kein pedantischer Gegner der Reisen um die Welt, wenn sie aus Liebe zur Kunst, aus Wissbegier, aus Menschenfreundlichkeit unternommen werden, wenn der Mensch nur erst eine Heimat hat und nicht in der Hoffnung auszieht, Größeres zu finden als er zu Hause gekannt. Wer um sich zu zerstreuen reist oder um etwas zu finden, was er nicht mitbringt, der flieht vor sich selbst und wird unter den Trümmern des Alten in seiner Jugend alt. In Theben, in Palmyra werden sein Geist und Herz alt und zerfallen wie diese, und er trägt Ruinen zu Ruinen.

Reisen ist das Paradies der Narren. Unsere ersten Ausflüge lehren uns, wie gleichgültig die Orte sind. Zu Hause träume ich, dass in Rom oder Neapel mich die Schönheit berauschen und meine Verstimmung enden wird. Ich packe meine Koffer, nehme von meinen Freunden Abschied und schiffe mich ein und erwache in Neapel, und an meinem Bett sitzt ernsthaft und wirklich dasselbe traurige, unnachsichtliche Selbst, vor dem ich geflohen. Ich besuche den Vatikan und die Paläste, ich tue, als wäre ich von Ansichten und Ideen berauscht, aber ich bin nicht berauscht. Mein Riese geht mit mir, wohin ich auch gehe.

3. Aber die Reisewut ist nur ein Symptom einer tieferen Ungesundheit, die unser ganzes geistiges Leben ergriffen hat. Unser Intellekt ist unstet, unser ganzes Erziehungssystem erzeugt Unruhe. Unser Geist ist selbst dann auf Reisen, wenn der Leib daheimbleiben muss. Wir sind Nachahmer – und was ist Nachahmung anderes als ein Reisen des Geistes? Wir bauen unsere Häuser nach fremdem Geschmack, unsere Gesimse sind mit fremdem Zierrat geschmückt, unsere Ansichten, unser Geschmack, unsere Fähigkeiten sind erborgte und auf Vergangenes und Entferntes gestützt. Wo die Künste geblüht haben, da hat der Geist sie geschaffen. In seiner eigenen

Seele suchte und fand der Künstler seinen Stil. Dadurch, dass er den Gegenstand seiner Arbeit und die Gesetze, die er einzuhalten hatte, aus eigenem Denken bestimmte, entstand der Stil. Wer heißt uns, den dorischen oder gotischen nachahmen? Schönheit, Zweckmäßigkeit, Größe des Gedankens und Zierlichkeit des Ausdrucks sind uns so erreichbar wie irgendeinem, und wenn der amerikanische Künstler mit Hoffnung und Liebe prüfen wird, was eben er zu tun hat, wenn er das Klima, den Boden, die Länge der Tage, die Bedürfnisse des Volkes, die Regierungsform des Landes in Betracht zieht, dann wird er auch ein Haus bauen können, mit dem all diesen Genüge getan und doch auch Geschmack und künstlerisches Gefühl zugleich befriedigt sein werden.

Beharre auf dir selbst; ahme niemals nach. Deine eigenen Gaben kannst du in jedem Augenblick, gesteigert durch die Ausbildung eines ganzen Lebens, verwerten, an dem erborgten Talent eines anderen hast du nur einen vorübergehenden, halben Besitz. Das, was einer am besten kann, das kann kein anderer als sein Schöpfer ihn lehren. Kein Mensch weiß noch, was es ist, und keiner kann's wissen, solange er selbst es nicht offenbart hat. Wo ist der Meister, der Shakespeare hätte lehren können? Wo ist der Meister, der Franklin, Washington, Bacon oder Newton hätte unterweisen können? Jeder große Mann ist ein Unikat. Der Scipionismus Scipios ist eben das, was er von niemand entlehnen konnte; nie wird durch das Studium Shakespeares ein Shakespeare entstehen. Tue, das dir zugewiesen ist, und du kannst nicht zu viel hoffen, nicht zu viel wagen. In diesem selben Augenblick gibt es für dich eine Äußerung, kühn und großartig, wie die des kolossalen Meißels des Phidias, der Kelle der Ägypter, der Feder Moses' oder Dantes – aber verschieden von all diesen. Der tausendzüngige Geist in seinem unendlichen Reichtum, seiner unendlichen Ausdrucksfähigkeit wiederholt sich nicht. Aber wenn du die Worte jener Patriarchen zu vernehmen imstande bist, wirst du ihnen auch in gleichem

Ton antworten können, denn Ohr und Zunge sind Organe gleicher Art. Verweile nur in den hohen, einfachsten Sphären des Lebens, gehorche deinem eigenen Herzen, und du wirst die Vorwelt zu neuem Leben erwecken.

4. So wie unsere Religion, unsere Erziehung, unsere Kunst ein fremdes Gesicht zeigen, so auch der Geist unserer Gesellschaft. Alle Welt pocht auf den Fortschritt der menschlichen Gesellschaft, und kein Mensch macht einen Fortschritt.

Die Gesellschaft schreitet nie vor. Sie verliert stets auf der einen Seite so viel, als sie auf der anderen gewinnt. Sie unterliegt beständigem Wechsel - sie ist erst barbarisch, dann zivilisiert, dann christianisiert - sie ist reich, sie ist wissenschaftlich gebildet - aber all dieser Wechsel ist kein Besserwerden. Für alles, was ihr gegeben wird, wird ihr etwas genommen. Sie lernt neue Künste und verliert alte Instinkte. Welch ein Kontrast zwischen dem wohlgekleideten, lesenden, schreibenden, denkenden Amerikaner mit Uhr, Kragen und Wechsel in der Tasche und dem nackten Neuseeländer, dessen ganzes Eigentum in einer Keule, einem Speer, einer Matte und dem ungeteilten Zwanzigstel eines Binsendaches, darunter zu schlafen, besteht! Aber wer die Gesundheit der beiden Männer vergleicht, der erkennt, dass der Weiße seine ursprüngliche Kraft verloren hat. Wenn die Reisenden uns die Wahrheit berichten, so triff den Wilden mit einer breiten Axt, und in ein oder zwei Tagen schließt sich die Wunde und heilt, als ob du in weiches Pech geschlagen hättest, während derselbe Hieb den Weißen in sein Grab sendet.

Der zivilisierte Mensch hat eine Kutsche erbaut, aber den Gebrauch seiner Füße verloren. Er weiß auf Krücken zu gehen, aber ihm fehlen die Muskeln. Er trägt eine feine Genfer Uhr, aber die Zeit nach der Sonne zu bestimmen vermag er nicht. Er besitzt nautische Kalender, und weil er darin nachschlagen kann, wenn er es brauchen sollte, kennt der Mann auf der Straße nicht einen Stern am Himmel. Die Sonnenwende beachtet er nicht, die Tagundnachtgleiche kennt er ebenso wenig, und dem ganzen leuchtenden Kalender des Jahres entspricht kein Zifferblatt in seinem Geist. Seine Notizbücher verderben sein Gedächtnis, die Büchereien überladen seinen Geist, die Versicherungsanstalten vermehren die Zahl der Unglücksfälle; und es ist noch die Frage, ob die Maschinen uns nicht mehr hemmen als fördern, ob wir nicht durch Verfeinerung an Energie und durch ein wohleingerichtetes formales Christentum die Kraft wilder Tugend eingebüßt haben. Denn jeder Stoiker war ein Stoiker, aber wo in der Christenheit ist ein Christ?

So wenig also auf der Waage der Größe und Stärke eine Abweichung zu finden ist, so wenig gibt es eine auf ethischem Gebiet. Es leben jetzt keine größeren Männer als sonst. Eine merkwürdige Gleichheit lässt sich zwischen den großen Männern der ersten und letzten Zeitalter erkennen; noch kann alle Kunst und Wissenschaft, Religion und Philosophie des neunzehnten Jahrhunderts größere Männer erziehen, als die Heroen Plutarchs drei- oder vierundzwanzig Jahrhunderte vorher waren. Der Fortschritt des Geschlechts liegt nicht in der Zeit. Phokion, Sokrates, Anaxagoras, Diogenes sind große Männer, aber sie hinterlassen keine Schule von solchen. Wer wirklich ihresgleichen ist, wird nicht nach ihrem Namen genannt, sondern ist sein eigener Mann und mit der Zeit selbst Gründer einer neuen Sekte. Die Künste und Erfindungen einer Zeit sind nur ihr Kostüm und vermögen die Menschen nicht zu kräftigen. Der Schaden, den eine verbesserte Maschinerie anrichtet, mag ihren Nutzen aufwiegen. Hudson und Bering haben in ihren Fischerbooten genug ausgerichtet, um Parry und Franklin in Erstaunen zu setzen, deren Ausrüstung alle Hilfsquellen moderner Wissenschaft und Kunst erschöpfte. Galileo entdeckte mit einem Operngucker eine glänzendere Reihe von Himmelserscheinungen als irgendeiner nach ihm. Kolumbus fand die neue Welt in einem ungedeckten Boot. Es ist merkwürdig zu sehen, wie Werkzeuge und Maschinen beiseitegelegt und vergessen werden, die ein paar Jahre oder Jahrhunderte vorher unter lauten Lobpreisungen eingeführt wurden. Das Genie kehrt immer zum Menschen selbst zurück. Wir zählten die Verbesserungen der Kriegskunst unter die Triumphe der Wissenschaft, und doch hat Napoleon Europa durch das Biwak erobert, dadurch, dass er auf die nackte Tapferkeit zurückgriff und sie aller Hilfsmittel entlastete. »Der Kaiser hielt es für unmöglich, eine vollkommen kriegstüchtige Armee heranzubilden«, sagt Las Casas, »ohne unsere Waffen, Magazine, Kommissarien und Trosswagen abzuschaffen, bis der Mann nach römischer Art seine Kornration empfangen, sie in seiner Handmühle mahlen und sein Brot selbst backen würde.«

Die Gesellschaft gleicht einer Woge. Die Woge bewegt sich vorwärts, nicht aber das Wasser, aus dem sie besteht. Dasselbe Wellenteilchen erhebt sich nicht vom Tal zum Kamm. Die Einheit liegt nur in der Erscheinung. Die Personen, die heute eine Nation bilden, sterben im nächsten Jahr und ihre Erfahrung mit ihnen.

Und so ist das Vertrauen auf Besitz, einschließend das Vertrauen auf Regierungen, die ihn beschützen, nur Mangel an Selbstvertrauen. Die Menschen haben so lange auf Außendinge statt auf sich selbst gesehen, dass sie dahin gekommen sind, religiöse, gelehrte und bürgerliche Einrichtungen für Schutzmittel des Besitzes anzusehen und Angriffe auf jene zu verdammen, weil sie sie als Angriffe auf ihr Hab und Gut empfinden. Sie bemessen ihre gegenseitige Achtung nicht nach dem, was einer ist, sondern nach dem, was einer hat. Ein wahrhaft gebildeter Mensch aber schämt sich seines Besitzes, weil er Achtung vor seinem Wesen hat. Er hasst, was er hat, wenn er es als zufällig erkennt – wenn es ihm durch Erbschaft, Schenkung oder Verbrechen zukam –, er fühlt, dass dies nicht »haben« heißt, dass all dies ihm nicht gehört, nicht in ihm wurzelt und nur daliegt, weil keine Revolution, kein Räuber es weggenommen hat. Aber das, was ein Mann ist, das erwirbt notwendig und unaufhörlich, und was der Mann durch sein Wesen erwirbt, ist lebendiges Eigentum und unterliegt nicht dem Gutdünken der Herrscher oder des Pöbels, wird weder durch Aufruhr noch Feuer, Sturm oder Konkurs gefährdet, sondern erneuert sich beständig selbst, wo immer er atmet. »Dein Anteil am Leben«, sagte der Kalif Ali, »folgt dir nach, daher bleibe ruhig und suche ihn nicht.« Unsere Abhängigkeit von solch fremden Gütern führt zu jenem sklavischen Respekt vor Zahlen. Die politischen Parteien kommen in zahlreichen Versammlungen zusammen, und je größer der Zulauf, je größer der Begrüßungslärm: »Die Delegation von Essex! Die Demokraten von New Hampshire! Die Whigs von Maine!«, desto stärker fühlt sich der junge Patriot vor diesem neuen Tausend von Augen und Armen. Ebenso berufen unsere Reformatoren Versammlungen ein und stimmen und beschließen nach Stimmenmehrheit. Nicht so, meine Freunde, wird Gott in euch einziehen und in euch wohnen, sondern gerade auf dem entgegengesetzten Weg! Nur wenn ein Mann alle fremde Hilfe von sich weist und allein steht, sehe ich ihn stark und siegreich. Jeder neue Rekrut zu seiner Fahne macht ihn schwächer. Ist ein Mann nicht besser als eine Stadt? Verlange nur von den Menschen nichts, und bei dem endlosen Wechsel um dich her wirst über kurz oder lang du als die einzige feste Säule, für den Erhalter alles dessen gelten, was dich umgibt. Wer da weiß, dass Kraft angeboren ist, dass er schwach ist, weil er das Gute außer sich selbst gesucht hat, und wer nach dieser Erkenntnis sich ohne Zögern auf seinen eigenen Geist wirft, der stemmt sich in diesem Augenblick, der steht gerade und stark, wird Herr seiner Glieder und wirkt Wunder, gerade wie ein Mensch, der auf seinen Füßen steht, stärker ist als einer, der auf dem Kopf steht.

So gebrauche das, was man Glück nennt. Die meisten Menschen spielen mit ihm und gewinnen alles und verlieren alles, wie sein Rad rollt. Du aber verschmähe solchen Gewinn als ungesetzlich und halte dich an Ursache und Wirkung, welche die Kanzler Gottes sind. Im Willen wirke und erwerbe, und du hast das Rad des Glückes gefesselt und brauchst seine Umdrehungen hinfort nicht mehr zu fürchten. Ein politischer Sieg, ein Steigen der Kurse, die Genesung eines Kranken, die Rückkehr eines Freundes oder sonst ein günstiges Ereignis hebt deine Stimmung, und du denkst, dass frohe Tage für dich im Anzug sind. Glaube es nicht! Nichts kann dir Frieden bringen außer dir selbst. Nichts kann dir Frieden bringen außer dem Triumph der Prinzipien.

Kreise

Das Auge ist der erste Kreis; der Horizont, den es bildet, ist der zweite; und durch die ganze Natur wiederholt sich diese Grundform ohne Ende. Er ist das höchste Sinnbild in der Bilderschrift der Welt. Der hl. Augustin beschrieb das Wesen Gottes als einen Kreis, dessen Zentrum überall und dessen Umfang nirgends sei. Unser ganzes Leben lang lesen wir den reichen Sinn dieser ersten aller Formen. Eine Lehre haben wir aus ihr schon abgeleitet, bei Betrachtung des kreislaufartigen oder ausgleichenden Charakters jeder menschlichen Handlung. Nun werden wir eine andere Analogie hervorheben: dass jede Handlung übertroffen werden kann. Unser Leben ist eine Lehrzeit der Wahrheit, dass um jeden Kreis ein anderer gezogen werden kann, dass es in der Natur kein Ende gibt, sondern dass jedes Ende ein Anfang ist; dass jedem vollen Mittag ein anderer erdämmert ist und unter jeder Tiefe eine größere Tiefe sich öffnet.

Diese Tatsache, soweit sie die sittliche Tatsache des Unerreichbaren symbolisiert, der fliehenden Vollkommenheit, die des Menschen Hände niemals zu umspannen vermögen – zugleich der Ansporn und die Verächterin jeden Erfolges –, mag uns trefflich dazu dienen, zahlreiche Beispiele menschlicher Kraft auf jedem Gebiet zu verknüpfen.

Es gibt nichts Festes in der Natur. Das Weltall ist flüssig und flüchtig. Beständigkeit ist nur ein Wort, das einen Grad bedeutet. Unsere Weltkugel, wie Gott sie sieht, ist ein durchsichtiges Gesetz, nicht eine Masse von Tatsachen. Das Gesetz löst die Tatsache auf und erhält sie flüssig. Unsere Kultur ist die Gewaltherrschaft einer Idee, die diesen Zug von Städten und Gesetzen hinter sich herschleppt. Lasst uns zu einer anderen Idee aufsteigen: so werden sie verschwinden. Die griechische Skulptur ist vollständig hinweggeschmolzen, als wenn es Statuen von Eis gewesen wären; hie und da ist eine einzelne Gestalt oder ein Fragment übrig geblieben, so wie wir in kalten Schluchten und Bergspalten im Juni und Juli noch verlassene Flecken und Überreste von Schnee gewahren. Denn der Genius, der sie schuf, schafft nun ein anderes. Das griechische Schrifttum hält etwas länger aus; doch unterliegt es bereits demselben Todesurteil und stürzt in den unvermeidlichen Abgrund, den die Schöpfung neuen Denkens allem auftut, was alt ist. Die neuen Festlande sind aus den Überresten eines alten Planeten geschaffen; die neuen Geschlechter sind mit der Zersetzung der vorangegangenen aufgefüttert. Neue Künste zerstören die alten. Wir sehen die Kapitalanlage in Aquädukten durch die Hydraulik, Festungen durch Schießpulver, Straßen und Kanäle durch Eisenbahnen, Segel durch Dampf, Dampf durch Elektrizität zwecklos geworden.

Ihr bewundert diesen granitenen Turm, der den Stößen so langer Zeitläufe trotzt. Doch eine kleine schwanke Hand baute diese ungeheure Wand, und das, was baut, ist besser als das Erbaute. Die Hand, die ihn baute, kann ihn noch rascher stürzen. Besser als die Hand und behänder war der unsichtbare Gedanke, der durch sie wirkte, und so steht hinter der derben Wirkung immer eine feine Ursache, die, nahe besehen, selbst die Wirkung einer feineren Ursache ist. Alles erscheint beständig, bis sein Geheimnis erkannt ist. Ein reicher Besitz gilt einer Frau als feste, dauernde Tatsache; dem Kaufmann als ein aus jedem Material leicht Erworbenes und leicht Verlorenes. Ein Obstgarten, gut bestelltes Ackerland, gute Gründe dünken den Städter ein Dauerndes, gleich der Goldmine oder dem Fluss; doch hält ein großer Landwirt sie von nicht größerer Dauer als den Stand einer Ernte. Die Natur hat ein herausfordernd stetiges und äonenhaftes Aussehen; doch hat sie, wie alles Übrige, eine Ursache; und wenn ich diese Ursache einmal begreife, werden diese Felder sich noch so unbeweglich weithin dehnen und diese Blätter so einzelwichtig hängen? Beständigkeit ist ein Wort, das nur einen Grad bedeutet. Alles ist mittelbar. Die Monde sind so wenig als Schlagbälle Schranken der geistigen Kraft.

Der Schlüssel zu jedem Menschen ist sein Denken. Wie trotzig und herausfordernd er auch scheinen mag, so hat er doch ein Steuer, dem er gehorcht; es ist die Idee, der sich alle seine Handlungen einreihen. Nur indem ihm eine neue Idee geboten wird, die über der seinen steht, kann er umgebildet werden. Das Leben des Menschen ist ein sich selbst entwickelnder Kreis, der aus einem unmerklich kleinen Ring nach allen Seiten zu neuen und größeren Kreisen strebt und so ohne Ende. Die Ausdehnung, die diese geschaffenen Kreise, einer außerhalb des anderen, nehmen werden, hängt von der Kraft oder Wahrheit der individuellen Seele ab. Denn es ist das schwerfällige Bestreben jeder Idee, sobald sie sich zu einem Wellenkreis in der wirklichen Welt gestaltet hat – wie z. B. zu einem Reich, einem Kunstgesetz, einem Gebrauch, einer religiösen Zeremonie –, am Rand der Welle anzuschwellen, zu verhärten und das Leben zu hemmen. Wenn aber die Seele regsam und stark ist, überflutet sie diese Grenzen nach allen Seiten und verbreitet einen anderen Kreis auf der großen Tiefe, der ebenso zu einer hohen Woge anschwillt, mit neuem Bestreben zu hemmen und zu hindern. Aber das Herz duldet keine Gefangenschaft. In seinen ersten und schwächsten Pulsschlägen strebt es schon voll ungeheurer Kraft nach außen und unendlichen und zahllosen Erweiterungen zu.

Jede letzte Tatsache ist nur die erste einer neuen Reihe. Jedes allgemeine Gesetz ist nur die Einzeltatsache eines allgemeineren Gesetzes, das sich alsbald enthüllen wird. Es gibt für uns kein Äußerstes, keine Grenzmauer, keinen Umkreis. Der Mann endet seine Erzählung – wie gut, wie abschließend! Wie sie alle Dinge neu erscheinen lässt! Er füllt den Himmel aus.

Siehe!, auf der anderen Seite ersteht auch ein Mann und zieht einen Kreis um den Kreis, den wir eben als die Grenzlinie der Sphäre bezeichnet hatten. Nun ist schon unser erster Sprecher nicht der Mensch, sondern nur ein erster Sprecher. Sein einziger Ausweg ist, sofort einen Kreis noch weiter als den seines Gegners zu ziehen. Und so machen es die Menschen auch für sich allein. Das Ergebnis von heute, das den Geist unablässig verfolgt und nicht umgangen werden kann, wird alsbald zu einem Wort verkürzt, und der Grundsatz, der die Natur zu enthüllen schien, wird als ein einzelnes Beispiel einer kühneren Verallgemeinerung erkannt werden. Im Gedanken des kommenden Tages liegt eine Kraft, um all deinen Glauben aus den Angeln zu heben, und nicht nur deinen Glauben, sondern alles Geschriebene der Nationen, und dich zu einem Himmel zu führen, den noch kein epischer Traum geschildert hat. Jeder Mensch ist nicht so sehr ein Arbeiter in der Welt als eine Andeutung dessen, was er sein sollte. Die Menschen wandeln als Verkünder des nächsten Zeitalters.

Schritt für Schritt erklimmen wir diese geheimnisvolle Leiter. Die Schritte sind Taten; der neue Ausblick ist Macht. Jeder einzelne Erfolg wird vom darauffolgenden bedroht und gerichtet. Jeder scheint von dem neuen widerlegt zu werden; aber er ist nur vom neuen begrenzt. Jede neue Erkenntnis wird stets von der alten gehasst, und denen, die der alten anhängen, erscheint sie wie ein Abgrund von Skeptizismus. Doch bald gewöhnt sich das Auge daran, denn die Erkenntnis und das Auge sind Wirkungen einer und derselben Ursache: Dann wird ihre Unschuld und ihre Wohltat offenbar, und nun, wenn all ihre Energie verbraucht ist, verblasst und schwindet sie vor der Enthüllung der neuen Stunde.

Fürchte die neue Verallgemeinerung nicht! Sieht die Wahrheit derb und stofflich aus, droht sie deine Theorie des Geistes zu entwürdigen? Widerstehe ihr nicht; sie wird deine Theorie der Materie ebenso sehr verfeinern und erhöhen.

Es gibt nichts Feststehendes im Menschen, sobald wir uns an das Bewusstsein wenden. Ein jeder glaubt sich nicht voll verstanden; und wenn er irgend wahrhaft ist, wenn er sich schließlich an die göttliche Seele lehnt, sehe ich nicht, wie es anders sein kann. Er muss es fühlen, dass das letzte Gemach, die letzte Kammer nie geöffnet wurde; es bleibt ewig ein unbekannter, unerklärbarer Rest. Das heißt, ein jeder glaubt, dass größere Möglichkeiten in ihm liegen.

Unsere Stimmungen glauben nicht aneinander. Heute bin ich voller Ideen und kann schreiben, was mir gefällt. Ich sehe keinen Grund, warum ich dieselben Ideen, dieselbe Kraft des Ausdrucks nicht auch morgen haben sollte. Was ich schreibe, erscheint mir während des Schreibens als das natürlichste Ding der Welt; gestern aber sah ich eine traurige Leere in jener Richtung, wo ich jetzt so viel gewahre; und in einem Monat werde ich ohne Zweifel staunen, wer es nur war, der so viel fortlaufende Seiten schrieb. Ach, über diesen schwanken Glauben, diesen untüchtigen Willen, diese gewaltige Ebbe einer gewaltigen Flut! Ich bin Gott in der Natur; ich bin ein Unkraut an der Mauer.

Das stete Bemühen, sich über sich selbst zu erheben, sich über seine letzte Höhe hinaufzuarbeiten, verrät sich in den Beziehungen der Menschen. Wir dürsten nach Anerkennung und können doch dem Beifallspender nicht verzeihen. Liebe ist die Süße der Natur; dennoch, wenn ich einen Freund habe, quälen mich meine Unvollkommenheiten. Seine Liebe zu mir ist eine Anklage gegen den anderen Teil. Wenn er hoch genug stünde, mich gering zu schätzen, dann könnte ich ihn lieben und durch meine Neigung zu neuen Höhen aufsteigen. Eines Menschen Wachstum zeigt sich in den aufeinanderfolgenden Chören seiner Freunde. Für jeden Freund, den er um der Wahrheit willen verliert, gewinnt er einen besseren. Während ich in den Wäldern wanderte und über meine Freunde nachsann, dachte ich: Warum sollte ich dies Spiel der Abgötterei mit ihnen treiben? Sofern ich nicht mit Willen blind bin, weiß und sehe ich zu genau die raschen Grenzen der Leute, die man würdig und erhaben nennt. Reich, vornehm und groß sind sie durch die Freigebigkeit unserer Sprache, aber die Wahrheit ist traurig. O seliger Geist, den ich um ihretwillen verlasse, sie sind nicht du! Jede persönliche Rücksicht, die wir gestatten, kostet uns himmlische Würde. Wir geben Engelsthrone für eine kurze und unruhige Freude hin.

Wie oft müssen wir diese Lehre lernen! Die Menschen hören auf uns anzuziehen, wenn wir ihre Grenzen finden. Begrenzung ist die einzige Sünde. Sobald du einmal an eines Menschen Grenze gelangst, ist es aus mit ihm. Hat er Talente? Hat er Unternehmungsgeist? Hat er Wissen? Es hilft nichts. Gestern war er dir unendlich reizvoll und anziehend, eine große Hoffnung, ein Meer, um darin zu schwimmen; nun hast du seine Ufer gefunden, nun scheint er dir ein Teich, und es berührt dich nicht, wenn du ihn niemals wiedersiehst.

Jeder neue Schritt, den wir im Denken tun, versöhnt zwanzig anscheinend sich widersprechende Tatsachen als Ausdrücke eines Gesetzes. Aristoteles und Platon galten als die respektiven Häupter zweier Schulen. Ein weiser Mensch erkennt, dass Aristoteles platonisiert. Indem wir in Gedanken einen Schritt weiter zurückgehen, erscheinen widersprechende Meinungen als versöhnt, indem sie sich als zwei Extreme eines Prinzips darstellen, und nie können wir so weit zurückgehen, um eine noch höhere Anschauung auszuschließen.

Nehmt euch in Acht, wenn der große Gott einen Denker auf diesen Planeten loslässt. Dann sind alle Dinge in Gefahr. Es ist, als wenn eine Feuersbrunst in einer großen Stadt ausbricht und keiner weiß, was sicher ist, oder wo es enden wird. Es gibt kein Stück der Wissenschaft, dessen Seite morgen nicht gewendet werden könnte; es gibt kein literarisches Ansehen, keine sogenannten ewigen Namen des Ruhms, die nicht gemustert und verworfen werden könnten. Selbst die Hoffnungen des Menschen, die Gedanken seines Herzens, die Religion der Nationen, die Lebensart und die Moral der Menschheit sind alle der Gewalt und Gnade einer neuen Verallgemeinerung preisgegeben. Verallgemeinerung ist immer ein neues Einströmen der Gottheit in den Geist; daher der Schauer, der sie begleitet.

Aller Wert besteht in der Kraft der Selbstzentralität, sodass ein Mensch nicht umgangen, nicht übergeneralisiert werden kann, sondern feststeht, wohin man ihn auch stellen mag. Dies kann nur sein, indem er die Wahrheit seinem einstigen Begriff von Wahrheit vorzieht; sowie durch seine rasche Aufnahme derselben nach jeder Richtung hin; durch die furchtlose Überzeugung, dass seine Gesetze, sein Verhältnis zur Gesellschaft, sein Christentum, seine Welt jederzeit entwertet werden können und vergehen.

Es gibt Grade des Idealismus. Zuerst lernen wir akademisch mit ihm zu spielen, wie einst der Magnet ein Spielzeug war. Dann, in der Drangzeit der Jugend und Poesie, sehen wir, dass er wahr sein mag, dass er in Schimmern und Fragmenten wahr ist. Dann wird sein Antlitz streng und groß, und wir sehen, dass er wahr sein kann. Er zeigt sich nun ethisch und praktisch. Wir erkennen, dass Gott ist; dass er in mir ist und dass alle Dinge Schatten von ihm sind. Der Idealismus Berkeleys ist nur eine rohe und unvollkommene Darlegung des Idealismus Jesu und dieser wiederum eine unvollkommene Darlegung der Wahrheit, dass die ganze Natur die rasche Ausströmung der Güte ist, die sich selbst vollzieht und organisiert. Noch viel einleuchtender zeigt sich die Geschichte und der Zustand der Welt zu jeder Zeit direkt von der intellektuellen Ordnung abhängig, die jeweils im Geist der Menschen herrscht. Die Dinge, die den Menschen zu dieser Stunde teuer, sind es aufgrund der Ideen, die an ihrem geistigen Horizont auftauchten und die den gegenwärtigen Zustand der Dinge schaffen, so wie ein Baum seine Äpfel trägt. Ein neuer Grad von Kultur würde sofort das ganze System menschlicher Ziele umwälzen.

Alles Gespräch ist ein Spiel mit Kreisen. Im Gespräch reißen wir die Grenzpfähle aus, die das Gebiet des Schweigens auf jeder Seite abschließen. Die Gesellschaften dürfen nicht nach dem Geist beurteilt werden, an dem sie teilhaben und den sie unter der Wirkung dieses Festes der Zungen sogar ausdrücken. Morgen werden sie von dieser Hochwasserlinie abgewichen sein. Morgen wirst du sie unter dem alten Packsattel gebückt sehen. Doch wollen wir uns der geteilten Flamme freuen, solange sie an unseren Wänden glüht. Wenn jeder neue Sprecher ein neues Licht anzündet, uns von dem Druck des letzten Sprechers frei macht, um uns mit der Größe und Ausschließlichkeit seines eigenen Gedankens zu beschweren, uns sodann einem anderen Erlöser überliefernd, so scheinen wir unsere Rechte zurückzugewinnen und Menschen zu werden. O welch tiefe Wahrheiten, die nur in Jahrhunderten und Welten auszuführen, werden in der Verkündigung jeder Wahrheit vermutet! Zu gewöhnlichen Stunden sitzt die Gesellschaft kalt und statuenhaft. Wir alle stehen erwartungsvoll und leer, wissend, dass wir möglicherweise gesättigt werden können, von mächtigen Symbolen umgeben, die uns keine Symbole, nur Prosa und kleinliches Spielzeug sind. Dann kommt der Gott und wandelt die Statuen in feurige Menschen um und versengt mit einem Blick seines Auges den Schleier, der alle Dinge verhüllte; und der Sinn der gewöhnlichsten Geräte, der Tasse, des Stuhls, der Glocke, des Himmelbetts, ist offenbar. Die Tatsachen, die so groß in den Nebeln von gestern auftauchten, Besitz, Klima, Erziehung, persönliche Schönheit und dergleichen, haben ihre Maße seltsam gewechselt. Alles, was uns fest schien, wankt und klirrt; und Literaturen, Städte, Klimate, Religionen weichen von ihren Fundamenten und tanzen vor unseren Augen. Und doch zeigt sich auch hier wieder der rasche Blick, der die Grenzen übersieht! Ob auch die Rede gut ist, ist doch das Schweigen besser und beschämt sie. Die Länge der Rede beweist die Entfernung zwischen dem Sprecher und dem Lauscher. Wenn sie sich nach jeder Richtung vollkommen verstünden, würden Worte darüber unnötig sein. Wenn sie nach jeder Richtung eins wären, würden keine Worte geduldet werden.

Die Literatur ist ein Punkt außerhalb unseres Tageskreises, durch den ein neuer beschrieben werden kann. Der Vorteil der Literatur besteht darin, uns einen Standpunkt zu bieten, von dem aus wir einen Überblick über unser gegenwärtiges Leben gewinnen, einen Stützpunkt, durch den wir es weiterbewegen können. Wir füllen uns mit altem Wissen an, führen uns, so gut wir können, in griechische, punische, römische Häuser ein, nur dass wir französische, englische und amerikanische Häuser und Lebensweise klüger erschauen können. Gleicherweise sehen wir die Literatur am besten mitten aus einer wilden Natur oder aus dem Trubel der Geschäfte oder von einer hohen Religion herab. Das Feld kann nicht gut im Feld gesehen werden. Der Astronom muss seinen Durchmesser des Erdkreises als Basis haben, um die Parallaxe eines Sterns zu finden.

Deshalb schätzen wir den Dichter. Alles Beweismaterial und alle Weisheit ist nicht in der Enzyklopädie oder in der Abhandlung über Metaphysik oder in einem theologischen System, sondern im Sonett oder im Schauspiel. In meinem Alltagstreiben bin ich geneigt, die alten Gleise zu gehen, und wage nicht, an eine fördernde Kraft, an die Macht des Wechsels und der Umbildung zu glauben. Aber ein Petrarca oder Ariost, trunken vom neuen Wein seiner Einbildungskraft, schreibt mir eine Ode oder feurige Romanze voll kühner Gedanken und Taten. Er trifft und weckt mich mit seinen durchdringenden Tönen, unterbricht die ganze Kette meiner Gewohnheiten, und ich öffne die Augen vor meinen eigenen Möglichkeiten. Er heftet Schwingen an all den gewichtigen alten Plunder der Welt, und wieder bin ich fähig, in Theorie und Praxis den geraden Weg zu finden.

Ebenso sehr bedürfen wir eines höheren Standpunktes, von dem aus wir die Religion der Welt überschauen können. Wir können das Christentum nie aus dem Katechismus erkennen – möglicherweise aber von den Weiden, von einem Boot im Weiher aus, inmitten des Gesangs der Waldvögel. Vom elementaren Licht und vom Wind gereinigt, getaucht in das Meer schöner Formen, die uns das Feld darbietet, dürfen wir es wagen, einen richtigen Blick auf die Geschichte dieses Lebens zurückzuwerfen. Das Christentum ist mit Recht den Besten der Menschheit teuer; doch hat es nie einen großen Philosophen gegeben, dessen Überzeugung in die christliche Kirche fiel, der nicht jenen kühnen Text des Paulus vor allem pries: »Alsdann wird auch der Sohn selbst untertan sein dem, der ihm alles untergetan hat, auf dass Gott sei alles in allen.« Die Forderungen und Tugenden der Persönlichkeiten mögen noch so mächtig und willkommen sein: Der Instinkt des Menschen drängt begierig nach dem Unpersönlichen und Unbegrenzbaren hin und waffnet sich freudig gegen den Dogmatismus der Frömmler, mit diesem großherzigen Wort aus dem Buch selbst.

Die natürliche Welt kann als ein System konzentrischer Kreise betrachtet werden, und wir entdecken dann und wann in der Natur leichte Veränderungen, die uns belehren, dass diese Oberfläche, auf der wir nun stehen, nicht fest, sondern gleitend ist. Diese vielfachen beharrlichen Eigenschaften, diese Chemie und Pflanzenwelt, diese Metalle und Tiere, die da um ihrer selbst willen zu stehen scheinen, sind nur Mittel und Methoden, sind Worte Gottes und so flüchtig als andere Worte. Hat der Naturforscher oder Chemiker sein Amt begriffen, der die Schwerkraft der Atome und der Wahlverwandtschaften ergründet, doch aber das tiefere Gesetz noch nicht erkannt hat, wovon dies nur eine teilweise oder annähernde Angabe: nämlich, dass Gleiches das Gleiche anzieht und dass die Güter, die dir zugehören, dir vermöge ihrer Schwere zufallen und nicht mit Mühe und Aufwand verfolgt werden müssen? Doch ist auch diese Darlegung nur annähernd und nicht endgültig. Die Allgegenwart ist eine noch höhere Tatsache. Nicht durch feine, unterirdische Kanäle müssen Freund und Tatsache zu ihrem Gegenpart gezogen werden, sondern, richtig betrachtet, wachsen diese Dinge aus der ewigen

Erzeugung der Seele hervor. Ursache und Wirkung sind zwei Seiten *einer* Tatsache.

Dasselbe Gesetz ewigen Fortgangs ordnet alles in Reihen, was wir die Tugenden nennen, und löscht jede im Licht einer besseren aus. Der große Mensch wird nicht im landläufigen Sinne klug sein; all seine Klugheit wird ein entsprechender Abzug seiner Größe sein. Aber es geziemt jedem, wenn er die Klugheit opfert, zu schauen, welchem Gott er sie darbringt; geschieht es zur Erleichterung und Freude, so würde er besser weiter klug sein; geschieht es eines großen Glaubens wegen, so kann der wohl sein beladenes Maultier mit dem Tragkorb sparen, dem stattdessen ein beschwingter Wagen zu eigen ist. Geoffrey legt seine Stiefel an, um durch die Wälder zu streifen, damit er seine Füße vor Schlangenbissen sichere; Aaron denkt niemals an solche Gefahren. Viele Jahre lang wird keiner von solchem Zufall betroffen. Doch scheint es mir, dass du mit jeder Vorsicht gegen ein derartiges Übel dich selbst in die Macht des Bösen begibst. Ich glaube, dass die höchste Klugheit die niedrigste Klugheit ist. Ist dies ein allzu schneller Sprung vom Mittelpunkt bis zum Rand unseres Kreises? Gedenke, wie oft wir in klägliche Berechnungen zurückfallen werden, ehe wir unsere Ruhestätte in dem großen Gefühl aufschlagen oder das Ende des Tages zum neuen Mittelpunkt machen. Dein unerschrockenstes Gefühl ist überdies dem geringsten Menschen nicht fremd. Die Armen und Niedrigen drücken auf ihre Weise, so gut wie du, die letzten Wahrheiten der Philosophie aus. »Gesegnet sei das Nichts« und »je schlimmer die Dinge, umso besser sind sie« gehören zu den Sprichwörtern, die den Transzendentalismus des gewöhnlichen Lebens ausdrücken.

Des einen Menschen Gerechtigkeit ist eines anderen Ungerechtigkeit; des einen Schönheit eines anderen Hässlichkeit; des einen Weisheit eines anderen Torheit, sowie man dieselben Gegenstände von einem höheren Standpunkt sieht. Der eine glaubt, die Gerechtigkeit bestünde in Bezahlung der Schulden, und hat kein Maß in seinem Abscheu vor einem anderen, der sehr lässig in seiner Pflicht ist und den Gläubiger auf ermüdende Weise warten lässt. Doch hat dieser zweite seine eigene Art, die Dinge zu betrachten; er fragt sich selbst: Welche Schuld muss ich zuerst begleichen, die Schuld an den Reichen oder die Schuld an den Armen? Die Geldschuld oder die Gedankenschuld an die Menschheit, an den Genius der Natur? Für dich, o Makler, gibt es kein anderes Prinzip als das der Rechenkunst! Mir ist der Handel unbedeutsam; Liebe, Glaube, Wahrheit des Wesens, das Streben des Menschen – diese sind geheiligt; noch kann ich gleich dir eine Pflicht von allen anderen Pflichten ablösen und meine Kräfte mechanisch auf die Bezahlung von Geldern konzentrieren. Lass mich weiter leben; du wirst finden, dass, ob auch langsamer, der Fortschritt meines Wesens all diese Schulden löschen wird, ohne höhere Forderungen zu benachteiligen. Wenn sich ein Mensch der Bezahlung von Schuldscheinen widmen sollte, wäre dies nicht Ungerechtigkeit? Schuldet er nichts außer dem Geld? Und müssen alle Ansprüche auf ihn den Ansprüchen eines Landwirts oder eines Bankiers nachstehen?

Es gibt keine letzte Tugend; sie alle sind im Werden. Die Tugenden der Gesellschaft sind Laster des Heiligen. Der Schrecken der Umwandlung ist die Enthüllung, dass wir unsere Tugenden, oder was wir immer als solche schätzten, in denselben Abgrund werfen müssen, der unsere größeren Laster verschlungen hat.

> »Vergebt die Frevel ihm und auch die Tugenden,
> Die kleinern Fehler, halb dem Rechten zugeneigt.«*

Es ist die höchste Macht göttlicher Augenblicke, dass sie auch unsere Reue aufheben. Ich klage mich Tag für Tag der Trägheit und Unfruchtbarkeit an; doch wenn diese Fluten Gottes in mich einströmen, dann zähle ich die verlorene Zeit nicht mehr.

* Edward Young, *Nachtgedanken*

Ich rechne die Leistungen, die mir noch möglich sind, nicht länger armselig danach aus, was mir für den Monat oder das Jahr bleiben mag; denn diese Momente verleihen eine Art Allgegenwart und Allmacht, die nicht nach Dauer fragt, sondern erkennt, dass die Energie des Geistes dem zu schaffenden Werk zeitlos angemessen ist.

Und so bist du, o Kreis-Philosoph, höre ich manchen Leser ausrufen, zu einem schönen Pyrrhonismus gelangt, zu einer Gleichwertung und Gleichgültigkeit aller Handlungen, und möchtest uns gerne lehren, dass, *wenn wir wahr sind*, traun, unsere Sünden lebendige Steine sein können, aus denen wir den Tempel des wahren Gottes bauen werden.

Ich bin nicht um meine Rechtfertigung bemüht. Ich gestehe, dass es mich froh macht, das Vorherrschen des Zuckerstoffs durch alle Pflanzennatur zu gewahren und ebenso im Sittlichen dies unbeschränkte Einfluten des Prinzips des Guten in jede Ritze, jede Spalte, die der Eigennutz offen ließ, ja in den Eigennutz und die Sünde selbst; sodass kein Böses rein noch selbst die Hölle ohne ihre letzte Befriedigung ist. Doch damit ich nicht irgendwie irreführe, wenn ich meinen eigenen Kopf habe und meinen Launen folge, lasst mich dem Leser zu Gemüte führen, dass ich nur ein Versuchender bin. Legt nicht den geringsten Wert auf das, was ich tue, oder werft nicht den kleinsten Verdacht auf das, was ich unterlasse, als wenn ich mir anmaßte, irgendetwas als wahr oder falsch zu bestimmen. Ich stoße alle Dinge um. Keine Tatsachen sind mir heilig; keine sind profan; ich experimentiere nur, ein ewiger Sucher, ohne eine Vergangenheit hinter mir.

Dennoch könnte uns diese unaufhörliche Bewegung und der Fortgang, an dem alle Dinge teilhaben, niemals anders fühlbar werden als durch den Kontrast eines feststehenden oder unveränderlichen Prinzips in der Seele. Während die ewige Erzeugung von Kreisen fortdauert, bleibt der ewige Erzeuger beharrlich. Dies zentrale Leben ist der Schöpfung einigermaßen überlegen, ist dem Wissen und dem Gedanken überlegen und enthält alle seine Kreise bereits in sich. Es müht sich immerdar, ein Leben und eine Idee zu schaffen, die ihm an Größe und Güte gleichen, und regt auf diese Weise in unserem Geist die Vorstellung einer gewissen Entwicklung an, als ob alles, was geschaffen ist, nur lehre, wie ein Besseres zu schaffen wäre.

So gibt es weder Schlaf noch Pausen, noch Erhaltung, sondern alle Dinge erneuen sich, keimen und sprießen. Warum sollen wir Bruchstücke und Reliquien in die neue Stunde hinübertragen? Die Natur hasst das Alte, und Alter erscheint als die einzige Krankheit; alle anderen gehen in dieser einen auf. Wir nennen sie mit vielen Namen – Fieber, Unmäßigkeit, Wahnsinn, Torheit und Verbrechen; sie alle sind Formen der Greisenhaftigkeit; sie sind Ruhe, Konservatismus, Besitz, Trägheit, keine Neuerung, kein Vorwärtsschreiten. Wir murren Tag für Tag. Ich sehe keinen Grund dafür. Solange wir mit dem, was über uns ist, in Verkehr stehen, altern wir nicht, sondern verjüngen uns. Kindheit, Jugend, die empfängliche, strebende, die mit frommem Auge aufwärts blickt, dünkt sich ein Nichts und überlässt sich der von allen Seiten strömenden Unterweisung. Aber Mann und Frau von siebzig Jahren maßen sich an, alles zu wissen; sie haben ihre Hoffnungen überlebt, sie hören auf zu streben, nehmen das Wirkliche als das Notwendige an und sprechen von oben herab zu den Jungen. Lasst sie denn Werkzeuge des heiligen Geistes werden, lasst sie Liebende sein; lasst sie die Wahrheit schauen; und ihre Augen wenden sich nach oben, ihre Runzeln glätten sich, der Duft der Kraft und Hoffnung ist wieder über ihnen.

Diese Greisenhaftigkeit sollte den menschlichen Geist nicht beschleichen. In der Natur ist jeder Augenblick neu; die Vergangenheit ist immer verschlungen und vergessen; nur das Kommende ist heilig. Nichts ist sicher als Leben, Übergang, der energisch schaffende Geist. Keine Liebe kann durch Schwur oder Vertrag gebunden werden, um sie gegen eine höhere Liebe zu versichern. Keine Wahrheit ist so erhaben, dass sie nicht morgen im Licht neuer Gedanken alltäglich sein könnte. Die Leute möchten gefestigt sein; nur soweit sie beweglich sind, gibt es eine Hoffnung für sie.

Das Leben ist eine Reihenfolge von Überraschungen. Wir vermögen heute nicht die Stimmung, die Freude, die Macht von morgen zu erraten, wenn wir unser Sein aufbauen. Von niedrigeren Zuständen, von Taten der Routine und des Verstandes, können wir etwas aussagen, aber die Meisterstücke Gottes, das völlige Werden und die allumfassenden Regungen der Seele verbirgt er; sie sind unberechenbar. Ich kann wissen, dass die Wahrheit göttlich und heilsam ist, doch wie sie mir dienen wird, vermag ich nicht zu ergründen, denn *darin zu sein* ist der einzige Zugang, um *es zu wissen.* Die neue Position des vorwärtsschreitenden Menschen hat alle Kräfte der alten und hat sie dennoch alle neu. Sie trägt in ihrem Inneren die ganze Fülle des Vergangenen und ist selbst doch eine Ausströmung des Morgens. In diesem neuen Augenblick werfe ich all mein einst aufgespeichertes Wissen als leer und eitel von mir. Nun scheine ich zum ersten Mal alles wirklich zu begreifen. Die schlichtesten Worte, wir wissen nicht, was sie sagen, es sei denn, dass wir lieben und streben.

Der Unterschied zwischen bloßem Talent und einer Persönlichkeit ist einerseits die Geschicklichkeit, am alten und vielbetretenen Kreis festzuhalten und anderseits die Kraft und der Mut, einen neuen Weg zu neuen und besseren Zielen zu bereiten. Die Persönlichkeit schafft eine überwältigende Gegenwart, eine fröhliche, festbestimmte Stunde, die alle Mitmenschen stärkt, indem sie sie lehrt, dass vieles möglich und vortrefflich ist, an das sie nicht gedacht hatten. Die Persönlichkeit schwächt die Bedeutung besonderer Ereignisse ab. Wenn wir den Sieger sehen, halten wir nicht viel von den einzelnen Schlachten oder Erfolgen. Wir sehen, dass wir die Schwierigkeit überschätzt hatten. Ihm war es leicht. Der große Mensch ist nicht zu erschüttern noch zu beunruhigen; die Ereignisse ziehen ohne große Spuren über ihn hinweg. Die Leute sagen zuweilen »seht, was ich überwunden habe; seht, wie ich fröhlich bin; seht, wie vollständig ich dieser dunklen Ereignisse Herr geworden bin!« Nicht, wenn sie mich noch an diese dunklen Ereignisse mahnen. Der wahre Sieg beruht darin, das Ungemach schwinden und vergehen zu heißen wie eine frühe Wolke von nur unbedeutsamer Wirkung in einer so großen und fortschreitenden Geschichte.

Das Eine, das wir mit unersättlichem Begehren suchen, ist, unser zu vergessen, aus unserer Eigenheit aufgestört zu werden, unsere endlose Erinnerung zu verlieren und etwas zu tun, ohne zu wissen, wie und warum; kurz gesagt, einen neuen Kreis zu ziehen. Nichts Großes ward je ohne Begeisterung vollendet. Der Fortgang des Lebens ist wundersam: Er geschieht durch Hingabe. Die großen Momente der Geschichte sind die Leistungen, die mit glücklicher Leichtigkeit mittels der Kraft der Ideen vollbracht wurden, wie die Werke des Genius und der Religion. »Ein Mann«, sagte Oliver Cromwell, »steigt niemals höher, als wenn er nicht weiß, wohin er geht.« Traum und Trunkenheit, der Gebrauch von Opium und Alkohol sind das Schein- und Abbild dieses orakelhaften Genius, und daher ihre gefahrvolle Anziehungskraft für die Menschheit. Aus dem gleichen Grund rufen sie den Beistand wilder Leidenschaften wie in Krieg und Spielen auf, um auf irgendeine Weise diese Flammen und Hochherzigkeiten des Herzens nachzuäffen.

Der Dichter

Die Leute, die bei uns als Sachverständige in ästhetischen Dingen angesehen werden, sind häufig Personen, die sich eine gewisse Kenntnis der meistbewunderten Gemälde und Bildhauerwerke verschafft haben und eine Vorliebe für alles Elegante besitzen; wenn man aber nachforscht, ob ihr eigener Geist den Forderungen ästhetischer Schönheit gerecht wird, ob ihre Handlungen schönen Gemälden gleichen, dann zeigt sich, dass sie gewöhnliche sinnliche Egoisten sind. Ihre Bildung ist eine lokalisierte, gleichwie, wenn man ein Stück trockenen Holzes an einer Stelle reibt, um Feuer zu erzeugen, das ganze übrige Scheit kalt bleibt. Ihre ganze Kennerschaft in den schönen Künsten besteht in der Kenntnis einiger Regeln und fachlicher Details oder in einem gewissen, meist sehr beschränkten Urteil über Farbe und Form, das teils zur Unterhaltung, teils zum Prunk ausgeübt wird. Wie flach der Schönheitsbegriff ist, der im Geist unserer Kunstliebhaber lebt, geht schon daraus hervor, dass den Menschen ganz die Erkenntnis verloren gegangen scheint, wie unmittelbar alle Form vom Geist abhängig ist. In unserer Philosophie fehlt die Lehre von den Formen. Wir werden in unsere Leiber getan wie Feuer in eine Pfanne, um darin umhergetragen zu werden; niemand ahnt, wie genau Geist und Organ einander entsprechen, noch weniger, dass das letztere stets nur eine Sprießung des ersteren ist. Die intelligenten Leute glauben auch nicht mehr an irgendeine wesentliche Abhängigkeit der materiellen Welt von Geist und Willen. Selbst Theologen halten es für ein hübsches

Luftgebäude, wenn sie von der geistigen Bedeutung eines Schiffes, einer Wolke, einer Stadt oder eines Vertrages sprechen, auch sie ziehen es vor, auf den soliden Boden historischer Beweise zurückzukehren; und selbst unsere Poeten begnügen sich mit einer bürgerlichen, ausgeglichenen Lebensweise und schreiben ihre Poeme aus der Fantasie in sicherer Entfernung von ihrer eigenen Erfahrung nieder. Aber die höchsten Geister der Erde haben niemals aufgehört, die doppelte Bedeutung oder besser die vier-, ja hundert- und noch viel mehrfache Bedeutung jeder sinnfälligen Erscheinung zu prüfen: Orpheus, Empedokles, Heraklit, Plato, Plutarch, Dante, Swedenborg und alle Meister der Skulptur, der Malerei, der Poesie. Denn wir sind keine Pfannen und Becken für das Feuer, ja nicht einmal Leuchter und Fackelträger, sondern Kinder des Feuers, daraus geschaffen, ja nichts anderes als Metamorphosen dieser Gottheit, zwei, drei Phasen von ihr entfernt, wenn wir es am wenigsten ahnen. Und diese verborgene und verkannte Wahrheit, dass die Quellen, aus denen der ganze Strom der Zeit mit all seinen Geschöpfen flutet, ihrem innersten Wesen nach von idealer Natur und schön sind, führt uns dahin, die Natur und Aufgaben des Poeten oder Schönheitsmenschen zu untersuchen, die Mittel und das Material, die er gebraucht, und den Zustand, in welchem seine Kunst in der gegenwärtigen Zeit sich befindet.

Es ist das ein gewaltiges Problem, denn der Poet ist ein Repräsentant der Menschheit. Er steht unter all den unzähligen Teil-Menschen für den vollkommenen Menschen, er lehrt uns nicht seinen Reichtum, sondern den aller kennen. Der junge Mann verehrt geniale Menschen, weil, die Wahrheit zu sagen, sie mehr er selbst sind als er. Sie wie er empfangen vom Geist, aber sie mehr. In den Augen liebender Menschen gewinnt die Natur an Schönheit, dass zugleich durch die Vorstellung mit ihnen der Dichter ihre Herrlichkeiten betrachtet. Er steht isoliert unter seinen Zeitgenossen durch die Wahrheit und durch seine Kunst, aber mit dem Trost, dass sein Streben alle Menschen früher oder später unwiderstehlich nach sich reißen wird. Denn alle Menschen leben von der Wahrheit und bedürfen des Ausdrucks. In Liebe und Kunst, in Habgier und Politik, in Spiel und Arbeit suchen wir unser schmerzliches Geheimnis zu offenbaren. Jeder Mensch ist nur halb er selbst, die andere Hälfte ist sein Ausdruck!

Aber trotz all diesem Ringen nach Offenbarung gelingt es uns fast nie, uns wirklich auszusprechen. Ich weiß nicht, woher es kommt, dass wir stets eines Dolmetschers bedürfen; aber die große Mehrzahl der Menschen scheint aus Minorennen zu bestehen, die in den Besitz ihres eigenen Vermögens noch nicht gelangt sind, oder aus Stummen, die, was die Natur ihnen anvertraut, nicht wiedergeben können. Es gibt keinen Menschen, der nicht einen übersinnlichen Zweck der Sonne und Sterne, der Erde und des Wassers voraussetzen würde. Sie stehen da, sie warten darauf, ihm besondere Dienste zu leisten. Aber in unserem Bau muss irgendein Hemmnis liegen oder ein Übermaß von Trägheit, sodass sie nicht zur vollen Wirkung und Geltung kommen. Die Eindrücke der Natur treffen uns zu schwach, um Künstler aus uns zu machen. Bei jeder Berührung müsste es in uns hallen und beben. Jedermann sollte so weit ein Künstler sein, dass er wenigstens im Gespräch wiedergeben könnte, was mit ihm und in ihm vorgeht. Aber unserer Erfahrung gemäß haben die Strahlen oder Eindrücke wohl Kraft genug, um bis zu den Sinnen zu gelangen, aber nicht genug, das Motorische zu erreichen und ihre eigene Reproduktion in Worten zu erzwingen. Der Dichter nun ist der Mensch, in dem diese Kräfte im Gleichgewicht sind, der Mensch, in dessen Bau kein Hemmnis liegt, der klar sieht und beherrscht, wovon die andern nur träumen, der die ganze Skala der Erfahrungen durchmisst und so zum Repräsentanten der ganzen Menschheit wird, weil ihm die gewaltigste Fähigkeit, zu empfangen und mitzuteilen, eigen ist.

Denn das Weltall hat drei Kinder, die, zu einer Zeit geboren, unter verschiedenen Namen in jedem Denksystem auftreten, mag man sie nun Ursache, Wirkung und Folge nennen, oder poetischer: Jupiter, Pluto und Neptun, oder theologisch: den Vater, den Geist und den Sohn, die wir aber hier den Wisser, den Tuer und den Sager nennen wollen. Diese drei bedeuten entsprechend die Liebe zum Wahren, die Liebe zum Guten, die Liebe zum Schönen. Sie sind einander gleichwertig, und jeder ist das, was er ist, wesentlich, sodass er weder übertroffen noch analysiert werden kann, und jeder der drei trägt die Fähigkeit der beiden anderen latent in sich, während seine eigene frei wirkt.

Der Poet ist der Sager, der Nenner, und repräsentiert die Schönheit. Er ist ein Souverän und steht im Zentrum des All. Denn die Welt ist nicht etwa bemalt oder ausgeschmückt, sondern schön vom Anfang bis zum Ende, und Gott hat nicht eine Anzahl schöner Dinge (neben anderen hässlichen) geschaffen, sondern Schönheit ist die Schöpferin des All. Daher ist auch der Dichter kein Herrscher von fremden Gnaden, sondern König aus eigenem Recht. Unsere Kritik ist von einem materialistischen Geschwätz angesteckt, das da behauptet, manuelle Fertigkeit und Tätigkeit sei das erste Verdienst aller Menschen, und alle jene geringschätzt, welche sagen und nicht tun, wobei sie übersieht, dass einige Menschen, und zwar die Poeten von Natur aus, Sager sind, die in die Welt gesandt worden sind, um ihr Ausdruck zu geben, und nicht mit jenen verwechselt werden dürfen, deren eigentliches Gebiet die Aktion ist, das sie aber verlassen, um die Sager nachzuahmen. Aber Homers Worte sind für Homer nicht weniger köstlich und bewundernswert als Agamemnons Siege für Agamemnon. Der Dichter wartet nicht auf den Helden oder Weisen, sondern so wie für sie das Handeln oder Denken das Primäre ist, so für ihn das Schreiben, und somit schreibt er das, was ausgesprochen werden wird und muss, wobei er die anderen, obgleich sie an sich primär sind, mit Rücksicht auf sich als sekundäre Erscheinungen und Diener ansieht, gleichwie Modelle im Atelier eines Malers oder

Gehilfen, die einem Architekten das Material für sein Gebäude herbeischaffen.

Denn Poesie war längst geschrieben, bevor es eine Zeit gab, und wenn wir so feine Organe haben, dass wir in jene Regionen dringen können, wo die Luft Musik ist, dann vernehmen wir jene ursprünglichen Melodien und versuchen auch wohl, sie niederzuschreiben, aber hier und da entfällt uns ein Wort, ein Vers, und wir setzen etwas Eigenes dafür ein, und so verderben wir das Gedicht. Menschen von feinerem Ohr schreiben diese Melodien treuer nieder, und ihre Transkripte, ob unvollkommen, werden die Lieder der Nationen. Denn die Natur ist so wahrhaft schön, wie sie gut und vernünftig ist, und muss ebenso sehr geschaut werden, wie sie getan und erkannt werden muss. Worte und Taten sind ganz gleichwertige Erscheinungsformen der göttlichen Energie. Auch Worte sind Taten, und Taten sind eine Art von Worten.

Kennzeichen und Legitimation des Dichters ist, dass er verkündet, was niemand voraussagen konnte. Er ist der einzige wahre Lehrer, er weiß und kann erzählen, er ist der Einzige, der uns wirklich Neues sagt, denn er war bei der Erscheinung gegenwärtig und eingeweiht, die er schildert. Er ist es, der die Ideen schaut, der das kausal Notwendige ausspricht. Ich spreche hier nicht von Leuten mit poetischem Talent oder von solchen, die geschickt und eifrig Verse machen, sondern vom wahren Dichter. Ich nahm erst jüngst an einem Gespräch über einen neueren Lyriker teil, einen Mann von feinem Geist, dessen Haupt ein Tonspiel zarter Melodien und Rhythmen schien und dessen Gewandtheit und Herrschaft über die Sprache wir nicht genug preisen konnten. Als sich aber die Frage erhob, ob er nicht nur ein guter Lyriker, sondern ein Dichter sei, da mussten wir alle gestehen, dass wir in ihm lediglich einen Zeitgenossen, keinen Mann der Ewigkeit vor uns hatten. Denn er erhebt sich nicht aus unseren niedrigen Schranken wie ein Chimborazo über den Äquator, der von seiner heißen Basis aufwärts durch alle Klimate und Zonen der Erde läuft, der seine hohen, bunten Flanken mit den Gewächsen aller Breiten gürtet; sondern unser Mann gleicht dem Landschaftsgarten eines modernen Hauses, der mit Brunnen und Statuetten zierlich geschmückt ist, während wohlerzogene Männer und Frauen auf den Promenaden und Terrassen sitzen oder lustwandeln. Wir hören durch all die wechselnde Musik den Grundton unseres konventionellen Lebens hindurch. Unsere Dichter sind Leute von Talent, die singen, nicht die Söhne der Musik. Der Inhalt ist für sie das Sekundäre, der Schliff der Verse die Hauptsache.

Es ist aber nicht das Metrum, sondern ein Metrum schaffender Stoff, der ein Gedicht macht – ein Gedanke, so leidenschaftlich und lebendig, dass er wie der Geist einer Pflanze oder eines Tieres seine eigene Architektur besitzt und die Natur mit einem neuen Phänomen schmückt. Der Dichter hat einen neuen Gedanken: Er hat eine ganze neue Erfahrung mitzuteilen, er sagt uns, was mit ihm geschah, und alle Welt wird durch sein Glück um so viel reicher werden. Die Erfahrung jeder neuen Generation verlangt auch ein neues Bekenntnis, und die Welt scheint immer auf einen Dichter zu warten. Ich erinnere mich aus meiner Jugend, wie heftig ich eines Morgens durch die Nachricht bewegt wurde, dass ein Jüngling, der in meiner Nähe am Tisch saß, sich als Genie offenbart hatte. Er hatte seine Arbeit liegen lassen, war umhergewandert, niemand wusste, wohin, und hatte ein paar hundert Zeilen niedergeschrieben, vermochte aber nicht zu sagen, ob das, was er empfand, darin auch ausgesprochen war; er konnte nichts sagen, als dass alles ihm verändert schien: Menschen und Tiere, Erde, Himmel und Meer. Wie froh wir lauschten! Wie gläubig! Die alte Gesellschaft schien abgewirtschaftet zu haben. Wir saßen in der Morgenröte eines Sonnenaufgangs, der alle Sterne auszulöschen drohte. Boston schien uns zweimal so fern zu sein als den Abend zuvor oder noch viel weiter entfernt. Rom – was war uns Rom? Plutarch und Shakespeare waren vergilbte Blätter, von Homer war nicht mehr die Rede. Ja, es ist viel, zu wissen, dass Poesie an diesem heutigen Tag, unter diesem selben Dach an unserer Seite geschrieben worden. Was?! Dieser wundervolle Geist ist noch nicht verloren gegangen! Diese Steinbilder funkeln und leben noch! Ich hatte mir eingebildet, die Orakel wären längst verstummt und das Feuer der Natur erloschen, und siehe, die ganze Nacht, durch alle Poren, ist diese herrliche Morgenröte wieder hereingeströmt! Jeder Mensch hat ein Interesse an der Ankunft des Dichters, und keiner weiß, wie nahe es ihn angehen mag. Wir wissen wohl, dass das Geheimnis der Welt ein tiefes ist, aber wer der ist, der's uns erläutern wird, das wissen wir nicht. Eine Bergwanderung, eine neue Gesichtsform, ein neuer Mensch kann uns den Schlüssel in die Hand geben. Der Wert des Genius liegt natürlich in der Wahrhaftigkeit seiner Berichte. Das Talent mag scherzen und künsteln, das Genie schafft neue Realitäten. Die Menschheit ist nun im Verständnis ihrer selbst und ihrer Werke ernstlich so weit gekommen, und der vorderste Wächter auf der Höhe verkündet, was er schaut. Sein Wort ist das wahrste, das je ausgesprochen wurde, sein Ausspruch die geeignetste, musikalischste, unfehlbare Stimme der Welt für seine Zeit.

Alles, was wir geheiligte Geschichte nennen, bezeugt, dass die Geburt eines Dichters das Hauptereignis aller Chronologie ist. Sooft wir auch enttäuscht werden, immer wieder harrt der Mensch der Ankunft eines Bruders, der ihn fest an eine Wahrheit bannen kann, bis er sie in sich aufgenommen und zu seiner eigenen gemacht hat. Mit welch unsagbarer Freude beginne ich ein Gedicht zu lesen, das ich für ein wahrhaft inspiriertes halte. Jetzt werden meine Ketten zerbrochen werden, jetzt werde ich über diese Wolken und die dunklen Lüfte, in denen ich lebe – dunkel, wie durchsichtig sie auch scheinen mögen –, hoch emporgehoben werden, und vom Himmel der Wahrheit aus werde ich mein eigenes Wesen und seinen Zustand schauen und begreifen. Es wird die Natur verjüngen und mich mit dem Leben aussöhnen, wenn ich erkenne, wie alle Kleinigkeiten von einem

Streben beseelt sind, wenn ich mein eigenes Tun nun erst begreifen werde. Das Leben wird hinfort kein öder Lärm mehr sein; nun werde ich Männer und Frauen sehen und die Zeichen lernen, an welchen sie von Toren und Teufeln unterschieden werden können. Dieser Tag wird mehr für mich bedeuten als der Tag meiner Geburt; damals kam ich zum Leben, heute soll ich zur reinen Erkenntnis gelangen. So ist meine Hoffnung, aber den Genuss muss ich verschieben. Weit öfter geschieht es, dass dieser geflügelte Mensch, der mich in den Himmel emporheben will, mich in die Wolken hinaufreißt und dann mit mir von Wolke zu Wolke hüpft und wirbelt und immer noch behauptet, dass sein Weg himmelwärts führe; und ich, der ich selber ein Neuling bin, bemerke spät und langsam, dass der Mann den Weg zum Himmel gar nicht kennt und dass er nichts weiter will, als dass ich die Geschicklichkeit bewundere, mit der er wie ein Huhn oder ein fliegender Fisch sich ein wenig über den Boden oder das Wasser erhebt; aber die alles durchdringende, alles ernährende, sichtbare Luft des Himmels wird der Mann nie bewohnen. Und ich taumle auch bald wieder in meine alten Winkel hinab und führe dasselbe übertriebene Leben weiter wie vorher und habe meinen Glauben an die Möglichkeit eines Führers verloren, der mich dorthin geleiten kann, wo ich gern sein möchte.

Aber lassen wir diese Opfer ihrer Eitelkeit und beachten wir mit neugeschöpfter Hoffnung, wie die Natur in würdigeren Trieben sich der Treue des Dichters für sein Amt der Verkündigung durch die Schönheit dieser Welt versichert, die zu einer neuen und höheren Schönheit wird, wenn sie ausgesprochen wird. Die Natur bietet ihm all ihre Geschöpfe als Bildersprache an. Wenn er als Sinnbild verwendet wird, dann offenbart sich in jedem Gegenstand ein zweiter wundervoller Wert, der weit besser ist als sein erster, ursprünglicher, gerade so wie des Zimmermanns gespannte Leine, wenn wir das Ohr ganz nahe an sie halten, musikalisch im Wind ertönt. »Dinge, herrlicher als jedes Bild, werden durch Bilder ausgesprochen«, sagt Jamblichus. Die Dinge lassen sich als Symbole verwenden, weil die Natur selbst ein Symbol ist, als Ganzes betrachtet, wie in jedem ihrer Teile. Jede Linie, die wir im Sand ziehen, hat ihre Bedeutung, es gibt keinen Körper ohne seinen Geist oder Genius. Alle Form ist eine Affektion des Charakters, jeder Zustand eine Affektion der Lebensqualität, alle Harmonie eine der Gesundheit (und darum sollte jede Wahrnehmung der Schönheit sympathetisch und nur den Guten eigentümlich sein). Das Schöne beruht immer in der Notwendigkeit. Der Geist schafft sich den Körper, wie der weise Spenser uns lehrt:

»So jeder Geist, je reiner er im Wesen,
Je mehr vom Himmelslicht er in sich birgt,
So schönern Körper auch er sich erwirkt,
Darin zu wohnen, herrlicher geschmückt,
Mit froher Anmut, die das Aug entzückt,
Denn Form erscheint der Geist in Körperhaft,
Und Geist ist Form, die sich den Körper schafft.«*

Hier befinden wir uns plötzlich nicht mehr auf den vergnüglichen Wegen kritischer Spekulation, sondern auf heiligem Boden, auf dem wir still und ehrfurchtsvoll gehen sollten. Wir stehen vor dem Geheimnis der Welt – da, wo das Sein in Erscheinung und Einheit in Mannigfaltigkeit übergeht.

Das Universum ist die Externisation des Geistes. Wo immer Leben ist, bricht es in Erscheinung aus. All unsere Wissenschaft ist eine sinnliche und daher auch eine oberflächliche. Die Erde und die Himmelskörper, die physikalischen und chemischen Erscheinungen betrachten wir sinnlich, als ob ihnen eine eigene Existenz zukäme, während sie doch nur das Gefolge unseres Seins bilden. »Der mächtige Himmel«, sagt Proklos, »zeigt in

* Edmund Spenser, »An Hymne in Honour of Beautie«

seinen Transfigurationen deutliche Bilder des Glanzes geistiger Erkenntnisse, indem sich alle in genauer Verbindung mit verborgenen Perioden im Leben geistiger Naturen bewegen.« Darum erhebt sich die Wissenschaft stets nur so hoch als der Mensch selbst und hält mit Religion und Metaphysik gleichen Schritt; oder anders ausgedrückt: Der Stand der Wissenschaft ist ein Index unserer Selbsterkenntnis. Da alles und jedes in der Natur einer geistigen Kraft entspricht, so kann eine Erscheinung nur so lange und deshalb unfasslich und dunkel bleiben, als die entsprechende Fähigkeit im Beobachter noch nicht aktiv geworden ist.

Kein Wunder denn, wenn diese Wasser so tief sind, dass wir mit einer religiösen Scheu über ihnen verweilen. Die Schönheit der Fabel beweist dem Dichter und allen anderen die Bedeutsamkeit ihres Sinnes; oder, wenn man will, jeder Mensch ist so weit Dichter, dass er für diese Zauberkräfte der Natur empfänglich ist: denn alle Menschen sind der Ideen teilhaft, deren feierliche Verkündigung das Weltall ist. Ich finde, der ganze Zauber liegt in dem Symbol: Wer liebt die Natur? Wer liebt sie nicht? Sind es denn nur die Poeten und gebildete Menschen in den Mußestunden, die sie mit ihr verleben? Nein, auch die Jäger, Bauern, Reitknechte und Fleischhauer; nur bringen sie ihre Liebe nicht in der Wahl ihrer Worte, sondern in der Wahl ihres Berufes zum Ausdruck. Der Gelehrte wundert sich, was der Kutscher oder Jäger am Reiten, an Hunden und Pferden so schätzen mag. Es sind nicht ihre oberflächlichen Eigenschaften. Wenn man mit ihm redet, verrät er, dass er diese so geringschätzt wie ein anderer. Seine Liebe zu ihnen liegt in einer geheimen Sympathie, er hat keinen Ausdruck dafür, aber die lebendige Kraft, deren Gegenwart in der Natur er dunkel fühlt, weist ihm seine Stellung an. Keine Nachahmung, kein Spielen mit jenen Dingen würde ihn befriedigen; er will Sturm und Regen, Wald, Fels und Eisen im Ernst um sich haben. Eine Schönheit, die wir nicht erklären können, ist uns teurer als eine, die wir begreifen. Es ist die Natur als Symbol, die Natur, die das Übernatürliche zur Gewissheit macht, der Leib, der von Leben überfließt, den er nach einem rohen, aber tief empfundenen Ritus anbetet.

Die Innigkeit, das Geheimnisvolle dieser tiefen Anhänglichkeit treibt Menschen jedes Standes zum Gebrauch von Zeichen und Emblemen. Poeten- und Philosophenschulen sind nicht berauschter von ihren Symbolen als der Pöbel von den seinigen. Man muss nur einmal die Macht der Abzeichen und Embleme in unserem politischen Leben ins Auge fassen. Zum Beispiel den großen Ball, den sie von Baltimore nach Bunker Hill rollen! Die politischen Aufzüge, bei denen Lowell mit einem Lappen, Lynn mit einem Schuh, Salem mit einem Schiff einherzieht! Man denke an das Weinfass, das Blockhaus, den Walnusszweig, die Zwergpalme und all die unzähligen anderen Parteikennzeichen. Man denke gar an die Gewalt nationaler Embleme! Ein paar Sterne, Lilien oder Leoparden, ein Halbmond, ein Löwe, ein Adler oder andere Bilder, die Gott weiß wie zu solchem Ansehen gelangt sind, abgebildet auf einem alten Fetzen von Flaggentuch, der auf einem Fort in irgendeinem Winkel der Erde vom Wind hin und her gerissen wird, kann das Blut der rohesten wie der abgeschliffensten Leute kochen machen. Die Leute bilden sich ein, sie mögen die Poesie nicht leiden, und sind lauter Dichter und Mystiker!

Abgesehen von dieser Allgemeinheit der symbolischen Sprache, erkennen wir die Göttlichkeit dieses höheren Gebrauches der Dinge (durch den die Welt zu einem Tempel wird, dessen Mauern mit Abzeichen, Bildern und Geboten der Gottheit bedeckt sind) auch daran, dass es kein Ereignis in der Natur gibt, das nicht den ganzen Geist der Natur in sich tragen würde; denn all die Unterscheidungen, die wir in den Ereignissen und Angelegenheiten machen, wie hoch oder niedrig, ehrenhaft oder gemein, verschwinden alsbald, wenn die Natur symbolisch aufgefasst wird. Die durchdringende Idee macht alles zum Gebrauch geeignet; und der Wortschatz eines allwissenden Menschen würde Worte und Bilder umfassen, die aus der Salonsprache ausgeschlossen sind. Was niedrig, ja selbst obszön für den Obszönen wäre, wird vornehm, wenn es in neuer Gedankenverbindung ausgesprochen wird. Die Frommheit der hebräischen Propheten läutert die Derbheit ihres Ausdrucks. Die Beschneidung ist ein Beispiel für die Macht der Poesie, selbst das Niedrige und Anstößige zu adeln. Kleine, unbedeutende Dinge leisten so gute Dienste wie große Symbole. Ja, je unbedeutender das Sinnbild, durch das ein Gebot zum Ausdruck gebracht wird, desto eindringlicher wirkt es, desto dauernder bleibt es im Gedächtnis der Menschen, so wie wir die kleinste Büchse oder Kassette aussuchen, um ein unentbehrliches Instrument darin mit uns zu führen. Bloße Wörterverzeichnisse bringen einem fantasievollen und aufgeregten Geist neue Ideen, wie von Lord Chatham berichtet wird, dass er in Baileys Wörterbuch zu lesen pflegte, sooft er die Absicht hatte, im Parlament zu sprechen. Die ärmste Erfahrung ist reich genug, um allen Gedanken Ausdruck zu geben. Wozu dieses beständige Sehnen nach der Kenntnis neuer Details? Tag und Nacht, Garten und Haus, einige wenige Bücher, einige wenige Taten leisten uns denselben Dienst, den alle Gewerbe und alle Sehenswürdigkeiten uns leisten würden. Wir sind noch weit davon entfernt, die Bedeutung der wenigen Symbole, die wir gebrauchen, erschöpft zu haben. Wir können noch dahin kommen, sie mit schrecklicher Einfachheit zu verwenden. Ein Gedicht muss nicht lang sein. Es gab eine Zeit, da jedes Wort ein Gedicht war. Jede neue Beziehung schafft ein neues Wort. Und wir gebrauchen selbst Fehler und Verunstaltungen zu heiligen Zwecken und drücken hierdurch unsere Überzeugung aus, dass die Übel der Welt nur einem üblen Auge als solche erscheinen. In der alten Mythologie werden göttlichen Naturen Defekte zugeschrieben, wie Lahmheit dem Vulkan, dem Cupido Blindheit und andere mehr, um eine Fülle, ein Übermaß nach einer anderen Seite auszudrücken.

Nur die Loslösung, die Entfernung vom Leben Gottes lässt die Dinge hässlich erscheinen, und der Poet, der alle Dinge wieder mit der Natur und dem Ganzen in Verbindung bringt – der selbst künstliche Dinge, ja Vergewaltigungen der Natur durch eine tiefere Einsicht wieder auf die Natur zurückführt –, wird sehr leicht mit den unangenehmsten Dingen fertig. Poetisch gebildete Leser sehen Fabriken und Eisenbahnen und bilden sich ein, dass die Poesie der Landschaft durch solche gestört werde – weil diese Gegenstände in ihrer Lektüre noch nicht zu Gegenständen der Kunst geweiht worden sind; aber der Dichter sieht leicht, dass sie sich der großen Ordnung nicht weniger als ein Bienenstock oder als der Spinne geometrisches Netz einreihen. Die Natur nimmt sie sehr bald in ihre lebendigen Kreise auf und liebt den dahingleitenden Wagenzug wie ihre eigenen Schöpfungen. Übrigens macht es auf einen klaren, gefestigten Geist wenig Eindruck, wenn ihr ihm die mechanischen Erfindungen vorhaltet. Und wenn ihr eine Million neuer Erfindungen der erstaunlichsten Art hinzufügen würdet, das Wesen der Mechanik selbst hat hierdurch nicht um ein Gran an Gewicht gewonnen. Die geistige Bedeutung bleibt unveränderlich, ob viel oder wenig Einzelerscheinungen hinzutreten mögen; so wie kein Berg eine genügende Höhe hat, um die Kurve der Erdkugel zu brechen. Ein geriebener Landbursche kommt zum ersten Mal in die Stadt, und der selbstgefällige Städter ist mit seinem geringen Staunen nicht zufrieden. Nicht etwa, dass er all die schönen Häuser nicht sehen oder nicht wissen würde, dass er dergleichen noch nie gesehen hat, aber er wird mit ihnen ebenso leicht fertig, wie der Dichter Raum für die Eisenbahn findet. Der Hauptwert der neuen Sache liegt darin, dass sie die große und konstante Masse des Lebens erhöht, gegen die alle und jede Einzelerscheinung zwerghaft ist und für welche der Wampumgürtel des Indianers und der ganze Handel Amerikas gleiche Bedeutung haben.

So stellt sich die Welt dem Geist als Verbum und Nomen zur Verfügung, aber nur der Dichter ist es, der in dieser Sprache auch sprechen kann. Denn obgleich das Leben groß ist, obgleich es alles bezaubert und absorbiert, und obgleich alle Menschen die Symbole verstehen, die ihr die Namen geben, können sie sie doch nicht selbständig gebrauchen. Wir sind Symbole und bewohnen Symbole; Arbeiter, Arbeit und Werkzeuge, Worte und Dinge, Geburt und Tod sind alles nur Sinnbilder; aber wir fühlen zu sehr für diese Symbole, und betört von der gewöhnlichen wirtschaftlichen Bedeutung der Dinge, vergessen wir, dass sie Ideen sind. Der Dichter, der eine tiefere Einsicht in das Wesen der Dinge besitzt, verleiht ihnen eine Kraft, die ihre alte Bedeutung vergessen lässt, gibt allen stummen und unbelebten Gegenständen Augen und Zunge. Er erkennt die Unabhängigkeit der Idee vom Symbol, die Stabilität der Idee, die Zufälligkeit und Flüchtigkeit des Symbols. So wie die Augen Lynkeus' durch die Erde schauen konnten, so verwandelt der Dichter die Welt in Glas und zeigt uns alle Dinge erst in der richtigen Ordnung und Folge. Denn kraft seiner besseren Einsicht steht er den Dingen um einen Schritt näher und sieht ihr Strömen und ihre Metamorphosen; sieht, dass jede Idee vielförmig ist, dass in der Form jeder Kreatur eine Kraft wohnt, die sie antreibt, zu einer höheren Form emporzusteigen, und indem so seine Augen das innerste Leben verfolgen, gebraucht er dieselben Formen, in welchen dieses Leben zum Ausdruck gelangt, und so strömen seine Worte mit dem Strom der Natur dahin. Alle Ereignisse des animalischen Reiches, Geschlecht, Ernährung, Schwangerschaft, Geburt und Wachstum sind Symbole des Übergangs der Welt in den Geist des Menschen, um in demselben umgewandelt zu werden und in einer neuen und höheren Bedeutung wieder zu erscheinen. Er gebraucht die Formen ihrem inneren Leben, nicht der bloßen Form entsprechend. Das ist wahre Wissenschaft. Der Poet allein versteht Astronomie, Chemie, Vegetation und animalisches Leben – denn er hält nicht bei den Erscheinungen inne, sondern gebraucht dieselben als Sinnbilder. Er weiß, warum das Feld des Raumes mit diesen Blumen bestreut wurde, die wir Sonne, Mond und Sterne nennen; warum die weite Tiefe mit Menschen, Tieren und Göttern geschmückt wurde, denn mit jedem Wort, das er spricht, reitet er auf ihnen als den Rossen des Gedankens.

Kraft dieser Wissenschaft ist der Poet der Namengeber, der Sprachenschöpfer, der die Dinge bald nach ihrer Erscheinung und bald nach ihrem Wesen benennt, der jedem Ding seinen eigenen Namen gibt und so dem Geist jenes Entzücken gewährt, das wir bei richtiger Trennung und Begrenzung empfinden. Die Dichter haben alle Worte geschaffen, und darum ist die Sprache das Archiv der Geschichte und gleichsam eine Grabhalle der Musen. Denn obgleich der Ursprung der meisten unserer Worte heute vergessen ist, war einst jedes Wort ein Geistesblitz, ein Funke des Genies, und es blieb im Umlauf, weil es im Augenblick für den ersten Sprecher und Hörer die Welt symbolisierte. Etymologen finden, dass die totesten Worte einst leuchtende Bilder waren. Sprache ist fossile Poesie. So wie der Kalkstein des Festlandes aus unendlichen Massen versteinerter Schaltierchen besteht, so ist die Sprache aus Bildern und Tropen zusammengesetzt, die heute in ihrer sekundären Verwendung längst aufgehört haben, uns an ihren poetischen Ursprung zu erinnern. Aber der Dichter gibt dem Ding seinen Namen, weil er es sieht, weil er ihm einen Schritt näher kommt als irgendein anderer. Dieser Ausdruck, diese Benennung ist nicht Kunst, sondern eine zweite Natur, die aus der ersten hervorsprießt wie das Blatt aus dem Baum. Was wir Natur nennen, ist eine gewisse sich selbst regulierende Bewegung und Wechsel; und die Natur tut alles mit eigener Hand, lässt sich nicht von anderen taufen, sondern tauft sich selbst, und dies wieder durch die Metamorphosen. Ich entsinne mich, dass ein Dichter mir dies folgendermaßen beschrieb:

Genius ist die Aktivität, die dem Verfall der Dinge vorbeugt, ob derselbe nun ganz oder teilweise von materieller und endlicher Art erscheine. Die Natur versichert sich in all ihren Reichen selbst. Niemand sorgt für das Anpflanzen des armen Pilzes: daher schüttelt sie aus den Falten des Blätterschwammes zahllose Sporen nieder, deren jede, erhalten, morgen oder übermorgen neue Billionen von Sporen aussenden kann. Der neue Pilz, der so entstanden, mag eine Chance haben, die der alte nicht hatte. Dieses Atom seiner Saat ist auf einen neuen Platz gefallen, der dem Zufall nicht mehr ausgesetzt ist, welcher seinen Erzeuger zwei Fußbreit von hier zerstört hat. Sie schafft einen Menschen; und wenn sie ihn bis zum Alter der Reife gebracht, will sie nicht länger Gefahr laufen, dieses Wunder mit einem Schlag zu verlieren, und sie löst von ihm ein neues Selbst ab, damit die Gattung vor den Unfällen bewahrt bleibe, denen das Individuum ausgesetzt ist. So auch, wenn die Seele des Dichters zur Reife der Gedanken gekommen, löst sie von ihm Dichtungen und Gesänge ab – eine furchtlose, schlaflose, unsterbliche Nachkommenschaft, die den Zufällen des Reiches der Zeit nicht ausgesetzt ist, eine furchtlose, lebenskräftige Schar von geflügelten Sprösslingen (so groß war die Kraft der Seele, die sie erzeugte), deren Schwingen sie rasch und fern dahintragen und sie unwiderruflich in den Herzen der Menschen festsetzen. Je reicher und schöner die Seele des Dichters, desto mächtiger sind diese Schwingen. So fliegen die Gesänge unsterblich von ihrem sterblichen Erzeuger fort, verfolgt von lärmenden Zügen schmähender Kritiken, die in weit größerer Menge umherschwärmen und sie zu verschlingen drohen; aber ihnen fehlen die Flügel. Nach einem ganz kurzen Satz fallen sie plump herab und faulen, da sie von den Seelen, aus denen sie kamen, keine Schönheitsschwingen empfangen haben. Aber die Melodien des Dichters steigen mächtig empor und dringen in die Tiefen der unendlichen Zeit.

Soweit belehrte mich der Sänger in seiner freieren Sprache. Aber die Natur verfolgt ein höheres Ziel bei der Erzeugung neuer Individuen als die bloße Sicherheit – nämlich Veredelung oder den Übergang des Geistes in höhere Gestalt. Ich kannte in jüngeren Jahren den Bildhauer, der die Jünglingsstatue geschaffen, die in unserem Park steht. Er konnte, wie ich mich wohl erinnere, nicht sagen, was ihn glücklich oder unglücklich machte, nur auf wunderbaren Umwegen gelang es ihm. Er erhob sich eines Tages, seiner Gewohnheit nach, vor der Dämmerung und sah den Morgen anbrechen, groß wie die Ewigkeit, aus der er kam, und Tag um Tag mühte er sich, diese große Ruhe zum Ausdruck zu bringen, und siehe!, sein Meißel hatte aus dem Marmor die Gestalt eines herrlichen Jünglings geformt – Phosphorus, den Lichtbringer, deren Anblick, wie man sagt, alle Leute, die sie anschauen, in Schweigen versinken macht. Und so überlässt auch der Dichter sich seiner Stimmung, und der Geist, der ihn bewegte, kommt zum Ausdruck, aber als ein *alter idem* in völlig neuer Weise. Der Ausdruck ist organisch, ist nichts als der neue Typus, den die Dinge annehmen, wenn sie befreit werden. So wie die Gegenstände im Sonnenlicht ihr Bild auf die Netzhaut des Auges zeichnen, so streben sie, die am Streben des All teilnehmen, eine weit zartere Kopie ihres Wesens im Geist des Dichters zu zeichnen. Anstelle der Metamorphose der Dinge in höhere organische Formen tritt gleichbedeutend ihre Umwandlung in Melodien. Über jedem Ding schwebt sein Dämon oder Geist, und so wie die Umrisse des Dinges sich im Auge spiegeln, so spiegelt sich sein Geist in einer Melodie. Die See, der Berggrat, der Niagara und jedes Blumenbeet haben eine frühere oder höhere Existenz in »Vorgesängen«, die wie Gerüche durch die Lüfte fluten, und wenn ein Mensch, dessen Ohr fein genug ist, vorübergeht, dann erlauscht er sie und versucht die Klänge niederzuschreiben, ohne sie aufzulösen oder zu verfälschen. Und darin liegt auch die Berechtigung der Kritik, in der Überzeugung unseres Geistes, dass alle Gedichte nur beschädigte Wiedergaben eines Textes der Natur sind, mit dem sie übereinstimmen sollten. Der Reim eines Sonetts sollte nicht weniger wohlgefällig sein als die Windungen der Muschel oder die bunte Wiederkehr der gleichen und doch wechselnden Form in einem Blumenstrauß. Das Paaren der Vögel ist ein Idyll, aber nicht langweilig, wie unsere Idyllen sind; der Sturm eine wilde Ode ohne falsches Pathos und ohne jeden Schwulst; der Sommer mit seiner Saat und Ernte ein episches Lied mit vielen wunderbar ausgeführten Teilgesängen. Warum sollten die Harmonie und Wahrheit, die diese durchklingen, nicht in unseren Geist überströmen, warum sollten wir nicht an der Erfindungskraft der Natur teilhaben?

Dieser Einblick, der in dem, was wir Einbildungskraft nennen, seinen Ausdruck findet, ist eine gar hohe Art des Schauens, die niemand lernen kann, sondern deren nur der Geist fähig ist, der dort, wo und das, was er schaut, selbst ist, der den Weg und Kreislauf der Dinge durch die Formen mitmacht und sie so den anderen durchleuchtet erscheinen lässt. Der Weg der Dinge aber geht in tiefem Schweigen. Dulden sie denn, dass ein Sprecher mit ihnen gehe? Einen Spion dulden sie nicht; aber ein Liebender, ein Dichter ist die Transzendenz, die Erfüllung ihrer eigenen Natur – ihn dulden sie. Die Bedingung wahrhaften Ausdrucks ist auf der Seite des Dichters, dass er sich ganz und gar der göttlichen Aura überlasse, die durch die Formen haucht, und nur ihr folge.

Es ist ein Geheimnis, dass jeder mit Verständnis begabte Mensch rasch lernt, dass er außer der Kraft seines bewussten und beherrschten Geistes einer neuen Kraft (eines gleichsam in sich selbst verdoppelten Geistes) fähig wird, wenn er sich ganz der Natur der Dinge überlässt; dass es außer seinem speziellen Kraftanteil als Individuum eine große allgemeine Kraft gibt, an der er teilnehmen kann, indem er, auf jede Gefahr hin, seine Türen öffnet und die ätherischen Wogen durch seinen Geist strömen und zirkulieren lässt: Dann ergreift ihn das Leben des All, dann wird seine Rede Donner, sein Gedanke Gesetz und seine Worte allgemeinverständlich, wie es Pflanzen und Tiere sind. Der Dichter weiß, dass er nur dann sich vollkommen ausspricht, wenn er etwas wild spricht, mit »der Blume des Geistes«, wenn er seinen Geist nicht als Werkzeug gebraucht, sondern ihn allen Dienstes entlässt und ihn seine Richtung ganz und gar von seinem eigenen himmlischen Leben empfangen lässt, oder wie die Alten sich ausdrückten, nicht mit seinem Geist allein, sondern mit dem von Nektar trunkenen Geist spricht. Wie der Reisende, der seinen Weg verloren hat, dem Pferd die Zügel lässt und es dem Instinkt des Tieres überlässt, seinen Weg zu finden, so müssen auch wir mit dem göttlichen Tier verfahren, das uns durch die Welt trägt. Denn sobald wir diesen Instinkt irgendwie anregen können, öffnen sich uns neue Wege ins Innere der Natur, der Geist strömt in und durch die schwersten und höchsten Dinge, und die Metamorphose wird möglich.

Dies ist der Grund, weshalb die Sänger Wein und Met, narkotische Mittel aller Art, Kaffee, Tee, Opium, den Rauch des Sandelholzes und Tabaks lieben und welche Mittel animalischer Aufheiterung es sonst noch geben mag. Alle Menschen bedienen sich der Mittel, deren sie habhaft werden können, um jene außerordentliche Kraft zu ihren normalen Kräften hinzuzufügen; darum schätzen sie die Konversation, Musik, Gemälde und Skulpturen, Tänze, Theater, Reisen, Krieg, Pöbelhaufen und Feuersbrünste, Spiel, Politik und Liebe, oder Wissenschaft oder animalischen Rausch, welche alle nur gröbere oder feinere quasi-mechanische Surrogate des wahren Nektars sind, der in jener Verzückung des Geistes besteht, die eintritt, sobald er Einblick in das Wesen der Dinge gewinnt. Es sind lauter Hilfsmittel für das zentrifugale Streben des Menschen, der stets ins Freie und Weite gelangen will, sie helfen ihm, aus der Haft des Leibes zu entkommen, in den er gesperrt ist, aus dem Gefängnishof individueller Beziehungen, der ihn einschließt. Daher kommt es, dass eine große Zahl derjenigen, die professionelle Darsteller der Schönheit waren, wie Maler, Dichter, Musiker und Schauspieler, mehr als andere ein Leben des Vergnügens und der Zügellosigkeit zu führen pflegten; ja alle mit Ausnahme der wenigen, die den wahren Nektar empfangen haben; und da dies stets eine gefälschte Art war, die Freiheit zu erlangen, da es eine Emanzipation war, die nicht in die Himmel führte, sondern zur Freiheit niedrigerer Regionen, darum mussten sie für den Vorteil, den sie gewannen, durch Verlotterung und Verderbnis büßen. Die Natur lässt sich niemals durch List einen Vorteil abgewinnen. Der Geist der Welt, die große, ruhevolle Gegenwart des Schöpfers lässt sich nicht durch die Zauberkünste des Opiums oder Weines beschwören. Die erhabene Vision wird der reinen und einfältigen Seele in einem reinen und keuschen Leib zuteil. Was wir narkotischen Mitteln verdanken, ist keine Inspiration, sondern nur eine Pseudo-Erregung und Raserei. Milton sagt, der lyrische Dichter möge Wein trinken und ein üppiges Leben führen, aber der epische Dichter, er, der von den Göttern singen soll und wie sie zu den Menschen niederstiegen, müsse Wasser aus einem Holzgefäß trinken. Denn Poesie ist nicht »des Teufels Wein«, sondern Gottes Wein. Es geht damit wie mit Kinderspielzeug. Wir füllen die Hände und Stuben unserer Kinder mit allen Arten von Puppen, Trommeln und hölzernen Pferden und lenken damit ihre Augen von dem einfachen Antlitz der Natur und ihnen genügenden Gegenständen, der Sonne, dem Mond, den Tieren, dem Wasser und den Steinen ab, die ihr Spielzeug sein sollten. So sollte auch die Lebensweise des Dichters auf einen so niederen und einfachen Schlüssel gestimmt sein, dass die gewöhnlichsten Einflüsse ihn entzücken müssten. Seine Fröhlichkeit sollte die Gabe des Sonnenlichts sein, die Luft müsste genügen, um ihn zu begeistern, Wasser müsste ihn berauscht machen. Der Geist, der ruhigen Herzen genügt, der zu solchen aus jedem Hügel trockenen Grases spricht, aus jedem Fichtenstumpf, aus jedem halb vergrabenen Stein, den die matte Märzsonne bestrahlt, der erscheint den Armen und Hungrigen und denen, die einfachen Geschmackes sind. Wenn du aber dein Hirn mit dem Getriebe von Boston und New York, mit Mode und Lüsternheit anfüllst, wenn du deine abgehetzten Sinne mit Wein und schwarzem Kaffee antreibst, dann wirst du freilich in der einsamen Wüste der Tannenwälder kein Ausstrahlen der göttlichen Weisheit bemerken können.

Wenn die Fantasie den Dichter berauscht, so ist sie auch in anderen Menschen nicht untätig. Die Metamorphose ruft auch im Beschauer eine freudige Erregung hervor. Der Gebrauch von Symbolen hat über alle Menschen eine gewisse befreiende und aufheiternde Macht. Es ist, als wären wir von einem Zauberstab berührt, der uns wie glückliche Kinder tanzen und umherspringen macht. Wir gleichen Leuten, die aus einer Höhle oder einem Keller in die freie Luft hinausgekommen sind. Das ist die Wirkung, die Tropen, Fabeln, Orakelsprüche und alle poetischen Formen auf uns haben. So werden die Poeten zu befreienden Göttern. Den Menschen ist nun wirklich ein neuer Sinn entstanden, sie haben in ihrer Welt eine neue Welt, ja ein ganzes Nest von Welten entdeckt, denn das ahnen wir, wenn wir die Metamorphose einmal erkannt haben, dass sie bei dem einen Phänomen nicht stehen bleibt. Ich will jetzt nicht in Betrachtung ziehen, in welchem Maße dies den Reiz der Algebra und aller mathematischen Wissenschaften ausmacht, die gleichfalls ihre Tropen haben; aber wir fühlen diesen Zauber in jeder Definition. So, wenn Aristoteles den Raum als ein unbewegliches Gefäß definiert, in dem alle Dinge enthalten sind, oder wenn Plato die Linie als einen strömenden Punkt oder Gestalt als die Umgrenzung eines Festen definiert, und dergleichen mehr. Welch ein fröhliches Freiheitsgefühl empfinden wir, wenn Vitruvius die alte Überzeugung der Künstler ausspricht, dass kein Architekt ein Haus richtig bauen kann, der keine anatomischen Kenntnisse besitzt. Wenn Sokrates uns im Charmides sagt, dass die Seele von ihren Krankheiten durch gewisse Zaubersprüche geheilt wird und dass diese Zaubersprüche nichts anderes als herrliche Vernunftgründe sind, durch die Mäßigung und Besonnenheit in den Seelen hervorgerufen wird; wenn

Plato die Welt ein Tier nennt; wenn Timaeus behauptet, dass auch die Pflanzen Tiere sind, oder behauptet, dass der Mensch ein himmlischer Baum sei, der mit der Wurzel, nämlich dem emporgewendeten Haupt wachse, wie George Chapman, ihn nachahmend, schreibt:

> »So in dem Menschenbaum, des nerv'ge Wurzel
> Zu Häupten ihm entspringt«;*

wenn Orpheus von den weißen Haaren als von »jener weißen Blüte, die das höchste Alter bezeichnet« spricht; wenn Chaucer in seinem Loblied auf die »Gentilesse« edles Blut in niedriger Lage mit Feuer vergleicht, dass, wenn es auch ins dunkelste Haus, das sich zwischen unseren Bergen und dem Kaukasus findet, gebracht wird, dennoch seiner Natur folgt und so hell leuchtet, als wenn zwanzigtausend Menschen es sehen würden; wenn Johannes in der Apokalypse den Untergang der Welt durch das Böse und die Sterne vom Himmel fallen sah, wie der Feigenbaum seine unzeitigen Früchte abwirft; wenn Äsop uns die ganze Reihe unserer täglichen Erlebnisse und Beziehungen in dem Maskenzug von Vögeln und Vierfüßlern vorführt – da vernehmen wir den fröhlichen Wink, der uns die Unsterblichkeit unseres Wesens in all seinen tausend Verwandlungen und Entfliehungen verkündet, und fühlen, dass von uns gilt, was die Zigeuner von sich sagen: »Es sei umsonst, sie zu hängen, denn sie können nicht sterben.«

So sind die Poeten in Wahrheit befreiende Götter. Die alten britischen Barden führten als Titel ihres Standes: »Jene, die frei sind durch die ganze Welt.« Sie sind frei und machen frei. Ein fantasievolles Buch leistet uns zuerst, wenn es uns durch seine Bilder entzündet, weit mehr Dienste als nachher, wenn wir den genauen Sinn des Autors verstanden haben. Ich halte nichts in

* In der Widmung von Chapmans *Homer*.

einem Buch für wirklich wertvoll als das Transzendentale und Außerordentliche darin. Wenn ein Mensch von seinem Gedanken so entflammt und fortgerissen wird, dass er Autoren und Publikum vergisst und einzig und allein seines Traumes achtet, der ihn wie Wahnsinn gefesselt hält, dann lasst mich seine Schriften lesen, und ihr mögt dafür alle Logik und Geschichte und Kritik haben. Aller Wert, den Pythagoras, Paracelsus, Cornelius Agrippa, Cardanus, Kepler, Swedenborg, Schelling, Oken und alle anderen haben, die fragwürdige Dinge wie Engel und Teufel, Magie, Astrologie, Chiromantik, Mesmerismus und dergleichen in ihre Kosmogonie eingeführt haben, liegt in der Gewissheit, dass hier einmal die Routine verlassen worden und ein neuer Zeuge aufgetreten ist. Das auch macht den besten Erfolg im Gespräch, die Magie der Freiheit, die die Welt wie einen Spielball in unsere Hände gibt. Und selbst die Freiheit erscheint billig, ja wertlos, wenn eine hohe Erregung dem Geist die Kraft mitteilt, unter die Natur selbst den Hebel zu schieben und sie emporzuschwingen; dann erst wird der Ausblick riesengroß! Naturen, Zeiten und Systeme treten auf und verschwinden wie die Fäden eines bunten, figurenreichen Teppichs; Traum folgt auf Traum, und solange die Trunkenheit währt, würden wir in unserem neuen Reichtum schwelgend unser Bett, unsere Philosophie, unsere Religion verkaufen.

Und wir haben guten Grund, diese Befreiung zu schätzen. Das Schicksal des armen Schäfers, der im Schneesturm verirrt und, von den Flocken geblendet, wenige Schritt, von der Tür seiner Hütte entfernt im Gestöber zugrunde geht, ist ein Sinnbild für den Zustand des Menschen. Am Rand der Wasser des Lebens und der Wahrheit sterben wir elend dahin. Es ist zum Staunen, wie unerreichbar jeder Gedanke ist mit Ausnahme dessen, der uns gerade erfüllt. Da hilft kein Nahekommen; wenn wir ihm am nächsten sind, sind wir genau so fern von ihm, wie da wir am weitesten waren. Auch jeder Gedanke ist ein Gefängnis; ja jeder Himmel ist ein Gefängnis. Darum lieben wir den Dichter, den Erfinder, der in irgendwelcher Form, sei's durch ein Lied oder durch eine Tat, durch seine Blicke oder sein Betragen uns einen neuen Gedanken gebracht hat. Er schließt unsere Ketten auf und öffnet unseren Blicken einen neuen Schauplatz.

Diese Befreiung ist allen Menschen teuer, und die Kraft, sie mitzuteilen, ist, da sie aus einer größeren Tiefe und weiterem Spielraum der Gedanken entspringt, ein Maßstab der Begabung. Darum leben alle Bücher fort, die die Einbildungskraft geschaffen hat, das heißt alle jene, die sich zu solcher Höhe der Wahrheit erheben, dass der Autor die Natur unter sich sieht und sie gleichsam als Exponenten seines eigenen Geistes behandelt. Jeder Vers, jede Sentenz, die diese Kraft hat, sorgt selbst für ihre Unsterblichkeit. Die Religionen der Welt sind nichts als die Stoßgebete einiger weniger fantasiereicher Menschen.

Aber die Fantasie hat die Eigenschaft, zu strömen, nicht zu gefrieren. Der Dichter begnügte sich nicht mit Farbe und Form, sondern er las ihre Bedeutung, aber auch die Bedeutung darf ihm nicht genug sein, vielmehr muss er dieselben Gegenstände zu Exponenten seines neuen Gedankens machen. Hier liegt der Unterschied zwischen dem Dichter und dem Mystiker; der letztere nagelt ein Symbol an einen Sinn, der zwar für den Augenblick der richtige Sinn war, aber in der nächsten Stunde veraltet und falsch wird. Denn alle Symbole sind flüssiger Art; alle Sprache ist rollend und in beständigem Übergang und wie Sänften und Rosse gut zum Fortkommen, nicht zum Niederlassen wie Häuser und Landgüter. Mystizismus besteht in der Verwechslung eines zufälligen und individuellen Symbols mit einem allgemeinen. Die Morgenröte ist in den Augen Jakob Böhmes zufällig die Lieblingserscheinung unter allen Meteoren, darum ist sie für ihn gleichbedeutend mit Wahrheit und Glauben; und er glaubt, dass sie für alle Leser dieselben Realitäten bedeuten werde. Aber der nächste Leser zieht ebenso natürlich das Symbol einer Mutter mit ihrem Kind oder eines Gärtners mit seiner Zwiebel, eines Juweliers, der einen Edelstein glättet, vor. Jedes dieser Symbole und eine Myriade anderer sind genauso gut für die Person, in deren Augen sie die betreffende Bedeutung haben. Nur darf man sie nicht überschätzen und muss sie willig in die gleichbedeutenden Ausdrücke übersetzen, die alle anderen gebrauchen. Und dem Mystiker muss man immer wieder sagen: Alles, was du sprichst, ist genauso wahr ohne deine ermüdenden Symbole wie mit ihnen. Gib uns lieber ein wenig Algebra anstatt dieser abgedroschenen Rhetorik – allgemein verständliche Zeichen anstatt dieser auf ein Dorf beschränkten –, und wir werden beide besser fahren. Die Geschichte der Hierarchien scheint zu lehren, dass der Fehler aller Religionen darin lag, dass das Symbol zu starr und fest wurde, sodass es zuletzt nichts mehr als ein verknöcherter Auswuchs der Sprache war.

Unter allen Menschen der neueren Zeiten hat keiner wie Swedenborg die Natur in Gedanken umgesetzt. Ich kenne keinen Menschen in der Geschichte, dem die Gegenstände so durchweg Gedanken bedeuteten. Vor ihm treibt die Metamorphose unausgesetzt ihr Spiel. Alles, worauf sein Auge fällt, gehorcht geistigen und sittlichen Trieben. Die Feigen werden zu Trauben, während er sie isst. Wenn einer seiner Engel eine Wahrheit ausspricht, beginnen die Lorbeerzweige in seinen Händen zu blühen. Das Geräusch, das aus der Ferne wie Knarren und Hämmern ertönte, fand sich beim Näherkommen als die Stimme streitender Menschen. In einer seiner Visionen erschienen die Menschen, in überirdischer Beleuchtung gesehen, als Drachen in tiefer Dunkelheit, aber sie selbst hielten sich untereinander für Menschen, und als das Himmelslicht in ihre Hütte fiel, beklagten sie sich über die plötzliche Dunkelheit und mussten die Fenster schließen, um sehen zu können.

Er besaß jene Wahrnehmungsgabe, die den Dichter oder Seher zu einem Gegenstand der Scheu und des Schreckens macht, die Wahrnehmung, dass derselbe Mensch, dieselbe Schar von Menschen in ihren eigenen Augen und denen ihrer Gefährten ein Ansehen haben können und ein ganz anderes für höhere

Geister, die auf sie schauen. Gewisse Geistliche, die er schildert, wie sie höchst gelehrt untereinander reden, erschienen den Kindern in einiger Entfernung als Kadaver von Pferden, und viele solcher Missgestalten mehr. Und sogleich drängt sich dem Geist die Frage auf, ob denn jene Fische unter der Brücke, jene Ochsen auf der Weide, die Hunde da im Hof unabänderlich Fische, Ochsen und Hunde sind oder am Ende uns nur so erscheinen? Ob sie nicht vielleicht in ihren eigenen Augen aufrechte Menschen sind? Und endlich, ob ich selbst allen Augen als Mensch erscheine? Die Brahmanen und Pythagoras warfen dieselbe Frage auf, und wenn ein Dichter solche Umbildung wahrgenommen hat, dann hat er sie sicherlich mit vielen anderen Erfahrungen übereinstimmend gefunden. Wir haben ja alle nicht geringere Veränderungen am Weizenkorn und an Raupen gesehen. Es ist der Dichter, der durch das »lebendige Kleid« die ewig feste Natur sieht, der es aussprechen kann und uns in Liebe und Schrecken nach sich zieht.

Ich schaue umsonst nach dem Dichter aus, den ich schildere. Wir wenden uns nicht mit hinreichender Einfachheit und Tiefe an das Leben, noch wagen wir unsere eigenen Zeiten und sozialen Verhältnisse zu singen. Wenn wir den Tag mit tapferem Tun ausfüllen würden, hätten wir keine Bedenken, ihn zu feiern. Zeit und Natur haben uns manche Gabe gewährt; aber den Mann unserer Zeit noch nicht, die neue Religion, den Versöhner, den alles erwartet. Dantes Ruhm ist, dass er es wagte, seine Autobiografie in kolossalen Chiffren gleichsam ins Weltall zu schreiben. Wir haben bisher in Amerika noch kein Genie gehabt, das mit tyrannischem Auge den Wert unseres unvergleichlichen Materials erkannt hätte und in der Barbarei und dem Materialismus der Zeit einen anderen Karneval derselben Götter sehen würde, deren Bild er im Homer so sehr bewundert, der im Mittelalter und im Calvinismus wiederkehrt. Banken und Tarife, Zeitungen und Klubsitzungen, Methodismus und Unitariertum erscheinen nur flachem Volk öd und flach, aber sie ruhen auf demselben Wunderboden, auf dem die Stadt Troja oder der Tempel von Delphi stand, und schwinden ebenso rasch dahin wie diese. Unser politischer Parteienschacher, unsere Baumstumpf-Politik, unsere Fischereien, unsere Neger und Indianer, unsere Boote, der Zorn der Spitzbuben und die Kleinmütigkeit der ehrlichen Leute, der Handel des Nordens, die Pflanzungen des Südens und die Rodungen des Westens, Oregon und Texas sind noch unbesungen. Und doch ist Amerika in unseren Augen ein Gedicht, seine mächtige Geografie blendet die Fantasie, und es wird auf seine Verse nicht mehr lange warten müssen. Aber so wie ich jene wunderbare Verbindung von Gaben, die ich suche, unter meinen Landsleuten nicht finden kann, ebenso wenig habe ich die Idee des Poeten verwirklicht finden können, wenn ich in Chalmers Sammlung der letzten fünf Jahrhunderte englischer Dichter blätterte. Es sind mehr geistreiche Leute als Dichter, obgleich auch Dichter unter ihnen gewesen sind. Aber wenn wir am Ideal des Dichters festhalten, dann haben wir selbst mit Homer und Milton unsere Schwierigkeiten. Milton ist zu gelehrt und Homer zu buchstäblich und zu historisch.

Aber ich fühle mich der Aufgabe einer nationalen Kritik nicht gewachsen und muss noch eine kurze Weile bei der alten Fülle des Begriffs bleiben, um von der Muse an den Dichter meine Botschaft über seine Kunst bis zu Ende zu bestellen.

Kunst ist der Weg des Schöpfers zu seinem Werk. Diese Wege oder Methoden sind ideal und ewig, obgleich wenige Leute sie kennen – oft auch der Künstler nicht, durch Jahre, ja sein ganzes Leben lang nicht, bis die Bedingungen erfüllt sind. Der Maler, der Bildhauer, der Komponist, der epische Rhapsode, der Redner, alle haben sie einen Wunsch, nämlich den, sich auszusprechen, und zwar symmetrisch und ganz, nicht zwerghaft und fragmentarisch. Sie fanden oder brachten sich unter den Einfluss gewisser Bedingungen, wie der Maler und der Bildhauer vor wirkungsvolle menschliche Gestalten, der Redner in die Volksversammlung und so jeder in solche Szenen, die er anregend für seinen Geist gefunden hat; und nun fühlt jeder den Wunsch neu und rege. Er hört eine Stimme, er sieht einen Wink. Und nun merkt er mit Staunen, welche Scharen von Dämonen ihn umschwärmen. Er findet keine Ruhe mehr, er sagt wie der alte Maler: »Bei Gott, es ist in mir und muss aus mir herauskommen!« Er jagt einer Schönheit nach, die er halb geschaut und die vor ihm flieht. Der Dichter spricht, sobald er in der Einsamkeit ist, Verse vor sich hin. Vieles von dem, was er sagt, ist zweifellos alltägliches Zeug. Aber hie und da spricht er etwas Ursprüngliches und Schönes. Das entzückt ihn; er möchte nur mehr solches sagen können. In unseren gewöhnlichen Reden sagen wir: »Dies sagst du, und das sag ich«; aber der Dichter weiß wohl, dass nicht er spricht, dass es ihm gerade so fremd und herrlich erscheint wie euch; und auch er möchte gern die gleiche Beredsamkeit weitersprechen hören. Sowie er einmal von diesem unsterblichen Ichor gekostet, kann er davon nicht genug haben, und da in solchen Erkenntnissen eine wunderbare schöpferische Kraft liegt, so ist es von höchster Wichtigkeit, dass jene Dinge ausgesprochen werden. Wie wenig von all dem, was wir wissen, ist noch gesagt: Welche Tropfen haben wir aus dem Meer unseres Wissens geschöpft! Und wie zufällig sind diese ans Licht gelangt, während so viele Geheimnisse in der Natur noch schlafen. Daher kommt dieses heftigste Bedürfnis nach Rede und Gesang, daher das Zittern und Herzklopfen des Redners an der Tür der Versammlung – der sehnsüchtige Trieb, den Gedanken als Logos oder Wort zu offenbaren.

Zweifle nicht, o Dichter, und harre aus. Sprich: »Es ist in mir und soll heraus!« Stehe da, enttäuscht und stumm, stotternd und stammelnd, ausgepfiffen und verhöhnt, steh und kämpfe, bis zuletzt die Wut jene Traum-Kraft in dir aufweckt, die jede Nacht dir als dein Eigentum zeigt – eine Kraft, die alle Grenzen und Schranken überschreitet und durch welche ein Mensch zum Leiter des ganzen Stromes der Elektrizität gemacht wird. Was da geht oder kriecht, was da wird und was ist, muss eins nach dem andern vor ihm erscheinen und vor ihm einherschreiten als Modell und Exponent seines Geistes. Kommt er zu dieser Kraft, so ist sein Genius nicht mehr erschöpflich. Alle Geschöpfe strömen zu Paaren und Stämmen in seinen Geist wie in eine Arche Noahs, um als Bewohner einer neuen Welt wieder daraus hervorzutreten. Wie als Luftvorrat für unser Atmen oder für das Feuer in unserem Herd nicht ein bestimmtes Maß von Gallonen, sondern die ganze Atmosphäre zur Verfügung steht, wenn wir sie brauchten, so dem Dichter die ganze Welt. Und darum gibt es für die Werke der reichen Dichter, wie Homer, Chaucer, Shakespeare und Raphael, augenscheinlich keine Schranken außer den Schranken ihrer Lebenszeit, sie gleichen einem Spiegel, den man durch die Straßen trägt, der das Bild jedes geschaffenen Dinges zurückzustrahlen bereit ist.

O Dichter!, ein neuer Adel wird auf Wiesen und in Hainen verliehen, nicht mehr in Schlössern mit dem Schwert. Die Bedingungen sind hart, aber gerecht. Du musst der Welt entsagen und nur noch die Muse kennen. Du darfst Zeiten und Sitten, Gnaden, Politik und Meinungen der Menschen nicht länger kennen; du musst alles von der Muse empfangen. Denn die Zeit der Städte wird der Welt von Grabglocken verkündet; aber draußen in der Natur werden die Stunden des All gezählt durch aufeinanderfolgende Stämme von Pflanzen und Tieren, durch Freude, die über Freuden entsteht. Gottes Wille ist auch, dass du ein vielfaches, ein doppeltes Leben aufgibst und dich damit begnügst, dass andere für dich handeln. Andere werden deine Gentlemen sein und alle Eleganz, alles weltliche Leben für dich darstellen; andere wieder werden die großen, tönenden Taten für dich verrichten. Du aber wirst in enger Verborgenheit mit der Natur bleiben, du kannst nicht auch zugleich für Kapitol und Börse leben. Die Welt ist voll von Entsagungen und hat ihre Lehrjahre für alle; und dies sind die deinen: Du musst durch eine lange Zeit für einen Narren, und für einen schwerfälligen Narren gelten. Dies ist die Blütendecke und Scheide, in der Pan seine geliebteste Blume schützt; und nur die dein eigen sind, werden dich erkennen und dich mit der zärtlichsten Liebe trösten. Und du wirst nicht einmal die Namen deiner Freunde in deinem Lied nennen können, weil eine alte Scham vor dem heiligen Ideal dich zurückhalten wird. Und dies ist dein Lohn: dass das Ideale für dich real sein wird und wie Sommerregen, reich, aber gelind, auf dein unverletzliches Wesen niederströmen wird. Das ganze Land wird dein Schloss und Park sein, das Meer dein Bad und Schiff, ohne Zoll und ohne Neid; Wälder und Ströme werden dein eigen sein, und du wirst Herr und Eigentümer sein, wo die anderen nur Pächter und Mieter sind. Du wahrer Herr des Landes, des Meeres, der Luft! Wo immer Schnee fällt oder Wasser fließt oder Vögel fliegen, wo immer Tag und Nacht im Zwielicht sich begegnen, wo der blaue Himmel mit Wolken behangen oder mit Sternen besät ist, wo es Gestalten mit durchsichtigen Umrissen, wo es Öffnungen in dem Himmelsraum gibt, wo immer Gefahr ist und Ehrfurcht und Liebe, da ist auch Schönheit, üppig wie Regen, für dich ausgegossen, und solltest du die ganze Welt durchwandern, nie und nirgends wirst du etwas Unbrauchbares, nie etwas Gemeines finden!

Erfahrung

Wo begegnen wir uns selbst? Auf einem Weg, dessen Endpunkte wir nicht kennen und von dem wir glauben, dass er keine hat. Wir erwachen und erblicken uns auf einer Treppe: Da sind Stufen hinter uns, die wir heraufgestiegen zu sein scheinen; da sind Stufen über uns, viele, die hochgehen, bis man sie nicht mehr sieht. Aber der Genius, der dem alten Glauben gemäß an der Tür steht, durch die wir eintreten, und uns vom Lethe zu trinken gibt, damit wir keine Geschichten erzählen, hat die Mischung zu stark gemacht, sodass wir jetzt mitten am Tag die Lethargie nicht abschütteln können. Schlaf liegt unsere ganze Lebenszeit hindurch auf unseren Augen, wie die Nacht sich den ganzen Tag über auf die Zweige der Tannen legt. Alle Dinge schwimmen und glimmern. Unser Leben ist nicht so sehr bedroht wie unser Bewusstsein. Geisterähnlich gleiten wir durch die Natur dahin und sollten unseren Platz nicht wiedererkennen. Fiel unsere Geburt in irgendeinen Anfall von Mangel und Sparsamkeit in der Natur, dass sie so zurückhaltend mit ihrem Feuer und so freigebig mit ihrer Erde war, dass es das Aussehen für uns hat, als fehlte uns das bejahende Prinzip, und obgleich wir Gesundheit und Vernunft besitzen, wir dennoch nicht den Überfluss an Geist haben, um Neues zu schaffen? Wir haben genug zu leben und das Jahr über zu vollbringen, aber nicht eine Unze zu geben oder mitzuteilen. Ach, dass unser Genius etwas mehr von einem Genius an sich hätte! Wir sind den an der Niederung des Stromes wohnenden Müllern gleich, wenn die Fabriken über ihnen das Wasser erschöpft haben. Auch wir meinen, dass die Leute, die über uns stehen, immer ihre Schleusen aufgezogen haben müssen.

Wenn einer von uns wüsste, was wir täten oder welchen Weg wir gingen, gerade dann, wenn wir es am besten zu wissen glauben! Wir wissen heute nicht, ob wir geschäftig oder müßig sind. Wie oft haben wir entdeckt, dass zu Zeiten, wo wir uns für träge hielten, vieles besser in uns wurde und vieles sich in uns regte. Alle unsere Tage sind, während sie verstreichen, so nutzlos, dass es wunderbar ist, wo oder wann uns etwas von dem zuteil wird, was wir Weisheit, Poesie und Tugend nennen. Niemals geschah uns etwas davon an einem bestimmten Tag, den wir im Kalender zu finden vermöchten. Einige himmlische Tage müssen irgendwo eingeschaltet sein, denen ähnlich, die Hermes mit dem Würfel dem Mond abgewann, dass Osiris geboren werden möchte. Es heißt, dass jegliches Märtyrertum, sobald es vorüber war, nur für etwas Geringes galt. Jedes Schiff ist ein romantischer Gegenstand, ausgenommen dasjenige, mit dem wir segeln. Schiffe dich ein, und die Romantik verlässt unser Schiff und hängt sich an jedes andere Segel am Horizont. Unser Leben hat ein triviales Ansehen, und wir scheuen ein tieferes Eindringen in dasselbe. Die Menschen scheinen vom Horizont die Kunst beständigen Zurückweichens und Hinweisens gelernt zu haben. »Jene Bergländer haben schöne Weidung, und mein Nachbar hat fruchtbare Wiesen, aber mein Feld«, sagt der stets klagende Farmer, »hält nur die Welt zusammen.« Ich führe die Rede eines anderen Mannes an; unglücklicherweise zieht sich dieser auf dieselbe Weise zurück, mit Bezug auf meine Worte. Das ist die List der Natur, heute etwas herabzusetzen; allerhand Stimmengewirr, aus dem zuweilen auf wunderbare Art ein Resultat hervorgeht. Jedes Dach ist dem Auge angenehm, bis es angehoben wird: Dann finden wir Tragik und jammernde Frauen und streng aussehende Gatten und Überschwemmungen des Lethe, und die Menschen fragen: »Was gibt es Neues?«, als wäre das Alte so schlecht. Wie viele Individuen können wir in der Gesellschaft zählen? Wie viele Handlungen? Wie viele Meinungen? So viel von unserer Zeit gehört zur Vorbereitung, so viel zur Routine und so viel zum Rückblick, dass die Quintessenz vom Genie eines jeden sich auf einige Stunden reduziert. Die Geschichte der Literatur – nehmen wir das reine Ergebnis von Tiraboschi, Warton oder Schlegel – ist eine Summe sehr weniger Ideen, sehr origineller Erzählungen, und alles Übrige sind Variationen hiervon. So würde in der großen Gesellschaft, von der wir weithin umgeben sind, eine kritische Analyse wenig freiwillige Handlungen ergeben. Meistens ist alles Gewohnheit und Lethargie. Es gibt sogar nur wenige Meinungen, und diese scheinen bei den Sprechenden organisch und stören nicht die allgemeine Notwendigkeit.

Was für Opium ist allem Missgeschick eingeflößt! Es erscheint uns beträchtlich, indem wir uns ihm nähern, aber zuletzt finden wir doch keine raue geraspelte Friktion, sondern die glatteste zum darauf Hingleiten eingerichtete Oberfläche. Leicht fällt uns ein Gedanke ein. Die Schicksalsgöttin Ate ist gelinde –

»Mit sanften Schritten hier, dann dort,
wandert sie über die Menschen fort.«

Die Leute beweinen und bejammern sich, aber es ist nicht halb so schlimm mit ihnen, als wie sie sagen. Es gibt Stimmungen, in denen wir uns nach dem Leiden sehnen, in der Hoffnung, wenigstens hier Wirklichkeit, scharfe Spitzen und eine Idee von Wahrheit zu finden. Aber es erweist sich, dass es nur Dekorationsmalerei und etwas Verfälschtes ist. Das einzige, was mich der Schmerz gelehrt hat, ist, dass ich weiß, wie flach er ist. Das spielt wie alles Übrige auf der Oberfläche und führt mich niemals zur Wahrheit, wären, um in Berührung mit ihr zu kommen, selbst Söhne und Geliebte kein zu hoher Preis für uns. War es Bošković, der ermittelte, dass Körper niemals in Berührung miteinander kommen? Nun, die Seelen berühren niemals ihre Gegenstände. Eine unbeschiffbare See fließt mit ihren stillen Wellen zwischen uns und den Dingen, nach denen wir streben und mit denen wir verkehren. Der Schmerz wird uns ebenfalls zu Idealisten machen. Der Tod meines Sohnes, nun schon länger als zwei Jahre her, scheint mich um ein schönes Besitztum ärmer gemacht zu haben, nichts weiter. Ich kann es nicht näher an mich heranbringen. Wenn ich morgen vom Bankrott meiner Hauptschuldner benachrichtigt würde, so würde der Verlust meines Eigentums eine große Unannehmlichkeit für mich sein, vielleicht manche Jahre hindurch; aber er würde mich nicht anders machen, als wie er mich gefunden hat – weder besser noch schlechter. So ist es mit dieser Trübsal: Sie berührt mich nicht. Etwas, von dem ich wähnte, es sei ein Teil von mir, der nicht von mir genommen werden könnte, ohne mich zu zerreißen, noch vergrößert werden könnte, ohne mich zu bereichern, fällt ab von mir und lässt keine Wunde zurück. Es war etwas Hinfälliges. Ich beklage, dass der Schmerz mich nichts lehren noch mich um einen Schritt weiter zur wirklichen Natur führen kann. Der Indianer, der sich unter dem Fluch befand, dass der Wind ihn nicht anwehen sollte noch das Wasser ihn benetzen, noch das Feuer ihn brennen, ist ein Bild von uns allen. Die schönsten Ereignisse sind ein Sommerregen, und wir sind die Regenmäntel, die jeden Tropfen abweisen. Nichts bleibt uns nun als der Tod. Wir sehen auf ihn mit schrecklicher Zufriedenheit hin, indem wir sagen, da wenigstens ist Wirklichkeit, die uns nicht täuschen wird.

Meiner Meinung nach ist dies Dahinschwinden und diese Unbeständigkeit aller Dinge, welche dieselben unseren Fingern entschlüpfen lässt, wenn wir sie am festesten zu halten glauben, das Unangenehmste im Leben. Die Natur lässt sich nicht gern beobachten und hat es lieber, dass wir ihre Toren und Gespielen sind. Wir können die Sphäre wohl zu unserem Schlagball haben, aber keine Beere für unsere Philosophie. Unmittelbar etwas zu tun, dazu gab sie uns niemals die Macht; jeder getane Wurf blitzt auf, wenn wir treffen, so ist es Zufall. Unsere gegenseitigen Beziehungen sind mittelbar und zufällig.

Aus einem Traum kommen wir in einen anderen, und der Illusionen ist kein Ende. Das Leben ist eine Reihe von Stimmungen, einer Perlenreihe gleich, und indem wir sie durchlaufen, erweisen sie sich als vielfarbige Linsengläser, die der Welt ihre eigene Farbe geben, und jedes zeigt nur, was in seinem Fokus liegt. Vom Berg aus siehst du den Berg. Wir beleben, was wir können, und sehen nur das, was wir beleben. Natur und Bücher gehören den Augen, die sie sehen. Es hängt von der Stimmung des Menschen ab, ob er den Sonnenuntergang oder das schöne Gedicht wahrnimmt. Immer gibt es einen Sonnenuntergang, und immer ist Genie da; aber nur einige Stunden so ungetrübt, dass wir der Natur oder der Kritik Beifall zollen können. Das Mehr oder Weniger hängt vom Bau oder dem Temperament ab. Temperament ist der Eisendraht, auf den die Perlen gezogen sind. Von welchem Nutzen ist Glück oder Talent für eine kalte und unvollkommene Natur? Wer denkt noch daran, welch feines Gefühl oder welche Unterscheidungskraft sich einst beim Menschen gezeigt hat, sobald er auf seinem Stuhl einschläft? Sobald er lacht und kichert? Oder wenn er sich entschuldigt? Oder mit Egoismus behaftet ist? Oder an seinen Taler denkt? Oder keine Nahrung schaffen kann? Von welchem Nutzen ist das Genie, wenn das Organ zu konvex oder zu konkav ist und keine zum Brennpunkt gehörige Entfernung im tatsächlichen Horizont des menschlichen Lebens finden kann? Von welchem Nutzen, wenn das Hirn zu kalt oder zu heiß ist und der Mensch nicht genug auf Resultate gibt, die ihn wieder zu Experimenten stimulieren und ihn darin aufrechterhalten sollen? Oder wenn das Gewebe zu fein gewebt ist, zu reizbar durch Freude und Leid, sodass das Leben stillsteht von zu vielem Empfangen, ohne passenden Ausfluss? Von welchem Nutzen ist es, heroische Schwüre der Besserung zu machen, wenn derselbe alte Übertreter sie halten soll? Wie kann die Religion das Herz erheben, wenn man von demselben vermutet, dass es insgeheim von den Jahreszeiten und dem Umlauf des Blutes abhängig ist? Ich kenne einen geistreichen Physiker, der Theologie im Gallengang wahrnehmen wollte und zu behaupten pflegte, dass der Mensch ein Calvinist würde, wenn die Leber krank wäre, und ein Unitarier, sobald dies Organ gesund sei. Sehr beschämend ist die Erfahrung, die man wider Willen macht, nämlich, dass irgendein nicht günstiges Übermaß oder eine Schwäche das Versprechen des Genies neutralisiert. Wir sehen jugendliche Menschen, die uns eine neue Welt schuldig sind; bereitwillig und verschwenderisch versprechen sie, aber niemals tragen sie ihre Schuld ab; sie sterben jung und weichen der Rechnung aus; oder wenn sie leben, so verlieren sie sich in der Menge.

Auch Temperament tritt völlig in das System der Illusionen ein und setzt uns in ein Gefängnis von Glas, das wir nicht sehen können. Eine optische Täuschung schwebt über jedem Menschen, mit dem wir zusammenkommen. In Wahrheit sind sie alle Kreaturen eines gegebenen Temperaments, die in einem gegebenen Charakter erscheinen, dessen Grenzen sie niemals überschreiten werden: Aber wir sehen auf sie hin, sie scheinen lebendig, und uns dünkt, es leite sie ein Impuls. Im Moment scheint es Impuls zu sein; im Jahr, das ganze Leben hindurch erweist es sich als eine gewisse einförmige Melodie gleich der, die von der Walze der Spieldose gespielt wird. Die Menschen wollen am Morgen den Schluss nicht annehmen, finden ihn aber richtig, wenn der Abend sich naht, dass das Temperament über alles, was Zeit, Ort und Beschaffenheit heißt, die Oberhand behält und unverzehrbar in den Flammen der Religion ist. Das Gefühl der Moralität hilft einige Modifikationen vorschreiben, aber der individuelle Bestand behält seine Oberherrschaft, wenn nicht, um Einfluss auf die moralische Beurteilungskraft zu haben, so doch, um das Maß der Tätigkeit und des Genusses festzustellen.

Ich stelle das Gesetz so dar, wie es von der Plattform des gewöhnlichen Lebens aus gesehen wird, darf es aber nicht verlassen, ohne auf die Hauptausnahme Rücksicht zu nehmen. Denn Temperament ist eine Macht, die kein Mensch gern von irgendjemand als sich selbst loben hört. Auf der Plattform der Physik können wir uns nicht der einengenden Einflüsse der sogenannten Wissenschaft erwehren. Temperament macht auch das Göttlichste zu etwas Gewöhnlichem. Ich kenne die innerliche Neigung der Physiker. Ich höre das Kichern der Phrenologen. Theoretische Seelenverkäufer und Sklavenaufseher halten jeden Menschen für das Opfer eines anderen, der ihn um seinen Finger wickelt dadurch, dass er das Gesetz seines Seins kennt und aus so geringen Zeichen wie der Farbe seines Bartes oder des Schnitts seines Hinterkopfes sein Schicksal oder seinen Charakter herausliest. Die größte Unwissenheit erregt kein solches Missfallen wie dieses unverschämte Wissen. Die Ärzte sagen, sie sind keine Materialisten; aber sie sind es: – Der Geist ist Materie, die auf eine außerordentliche Dünne reduziert ist: o so dünn! Aber die Definition von *geistig* sollte sein, *das, welches seine eigene Evidenz ist*. Welche Begriffe hängen sie der Liebe an! Welche der Religion! Man würde nicht gern diese Worte in ihrem Beisein aussprechen und ihnen so Gelegenheit geben, sie zu entweihen. Ich sah einen sehr huldreichen feinen Herrn, der seine Unterhaltung der Form des Kopfes von dem Menschen anpasst, mit dem er gerade spricht! Ich habe immer geglaubt, dass der Wert des Lebens in den unergründlichen Fähigkeiten desselben läge; in der Tatsache, dass ich niemals weiß, wenn ich mich zu einem neuen Individuum wende, was mir widerfahren mag. Ich halte die Schlüssel zu meinem Schloss in meiner Hand, bereit, sie meinem Herrn zu Füßen zu legen, wo und in welcher Verhüllung er auch immer erscheinen mag. Ich weiß, er ist in der Nähe unter Vagabunden versteckt. Soll ich mir meine Zukunft rauben dadurch, dass ich mich aufs hohe Ross setze und freundlich meine Unterhaltung dem Bau der Köpfe anpasse? Wenn es dahin mit mir kommt, so sollen die Doktoren mich für einen Cent kaufen. – »Aber, Herr, Medizingeschichte; der Hinweis auf die Maxime; die bewiesenen Tatsachen!« – Ich traue weder den Tatsachen noch den Folgerungen. Temperament ist das Veto oder die beschränkende Macht in der Konstitution, sehr richtig dazu verwendet, ein gegenüberliegendes Übermaß in der Konstitution zurückzuhalten, aber vernunftwidrig als Riegel vorgebracht für urwesentliche Billigkeit. Wo Tugend vorhanden ist, schlafen alle untergeordneten Mächte. Auf seiner eigenen Höhe oder im Hinblick auf die Natur entscheidet das Temperament. Ich weiß nicht, wenn ein Mensch einmal in dieser Schlinge sogenannter Wissenschaften gefangen ist, wie noch irgendein Entrinnen aus den Banden physischer Notwendigkeit für ihn möglich ist. Wenn ein solches Embryo gegeben ist, muss eine solche Geschichte folgen. Auf dieser Plattform lebt man in einem Stall von Sensualismus und würde bald zum Selbstmord kommen. Aber es ist unmöglich, dass die schaffende Macht sich selbst ausschließen sollte. Jede Intelligenz hat eine Tür, die niemals geschlossen ist, durch welche der Schöpfer eingeht. Der Verstand, der Sucher des unbedingt Wahren, oder das Herz, der Freund des unbedingt Guten, kommt zu unserer Hilfe herbei, und bei einem bloßen Flüstern dieser erhabenen Mächte erwachen wir von fruchtlosem Kampf mit diesem Alp. Wir schleudern ihn in seine eigene Hölle zurück und können uns nicht wieder zu einem solchen Standpunkt hin erniedrigen.

Das Geheimnis der Täuschung liegt in der Notwendigkeit einer Aufeinanderfolge von Stimmungen oder Gegenständen. Mit Freuden wollten wir ankern, aber der Ankergrund besteht aus Treibsand. Dies vorgerückte Spiel der Natur ist zu hoch für uns. *Pero si muove.** Wenn ich am Abend zum Mond und den

* ital. *Eppur si muove!* Und sie bewegt sich doch! Ausspruch Galileo Galileis (Zuschreibung) beim Verlassen des Inquisitionsgerichts, nachdem er dem kopernikanischen Weltbild öffentlich abschwören musste. Anm. d. Red.

Sternen aufsehe, scheint es mir, als stünde ich fest an einer Stelle und als eilten sie weiter. Unsere Liebe für das Wesentliche führt uns zur Permanenz, aber die Gesundheit des Körpers besteht in der Zirkulation und die Gesundheit des Geistes in der Verschiedenheit oder Leichtigkeit der Verbindung. Es ist notwendig für uns, dass die Gegenstände dem Wechsel unterliegen. Das ausschließliche Sich-hingeben an einen Gedanken ist etwas durchaus Hassenswertes. Wir bringen die Wahnsinnigen in Sicherheit und müssen uns nach ihrer Laune richten; denn die Unterhaltung stirbt da aus. Einmal entzückte mich Montaigne so, dass ich dachte, ich brauchte niemals ein anderes Buch; vorher ging es mir so mit Shakespeare; dann mit Plutarch; dann entzückte mich Plotin; einmal Bacon; später Goethe; selbst Bettina; und nun blättere ich wenig in den Seiten, die sie geschrieben, während ich ihren Genius noch immer hochschätze. Ebenso ist es mit Gemälden; jedes wird einmal etwas Emphatisches für uns haben, was es nicht immer behalten kann, obgleich wir gern möchten, dass es uns dauernd in der Weise gefiele. Wie habe ich bei Gemälden gefühlt, dass, wenn du eines so recht mit dem Herzen betrachtet hast, du Abschied von ihm nehmen musst; du wirst es niemals so wiedersehen! Ich habe gute Lehren von Gemälden empfangen, die ich seitdem ohne jegliche leidenschaftliche Aufregung oder ohne meine Meinung darüber auszudrücken, gesehen habe. Selbst von der Meinung, die die Weisesten über ein neues Buch oder eine Erscheinung abgeben, muss etwas abgerechnet werden. Ihre Meinung zeigt mir ihre Sinnesart an und lässt mich die Tatsache dunkel ahnen, aber keineswegs muss man dieselbe nun für die genügende Verbindung zwischen diesem Verstand und diesem Ding halten. Das Kind fragt: »Mama, warum gefällt mir die Geschichte heute nicht so gut, als wie du sie mir gestern erzähltest?« Ach Kind, es ist ja ebenso mit den ältesten Cherubim des Wissens. Aber wird es eine Antwort auf deine Frage sein, wenn ich sage: Weil du für ein Ganzes geboren wurdest und diese Geschichte nur eine Einzelheit ist? Das Recht des Schmerzes, den diese Entdeckung in uns hervorruft (und wir machen sie spät in Hinsicht auf Werke der Kunst und des Verstandes), das ist die Klage der Tragödie, die leise aus derselben spricht in Hinsicht auf Menschen, auf Freundschaft und Liebe.

Diese Unbeweglichkeit und diesen Mangel an Elastizität, den wir in der Kunst wahrnehmen, finden wir mit noch weit größerem Bedauern auch beim Künstler. Die Menschen haben keine Expansionskraft in sich. Unsere Freunde erscheinen uns früh als die Vertreter gewisser Ideen, über die sie niemals hinausgehen noch sich ein Übergewicht über dieselben aneignen. Sie stehen am Rand des Ozeans der Gedanken und Macht, aber sie tun niemals den einen Schritt, der sie dort hinbringen würde. Der Mensch ist einem Stück edlen Feldspats gleich, der keinen Glanz hat, wenn du ihn in deiner Hand hin und her drehst, bis du an eine besondere Stelle kommst; dann zeigt er tiefe und schöne Farben. Wir finden im Menschen keinen Geist für Anpassung oder allgemeine Anwendbarkeit, sondern jeder hat sein spezielles Talent, und die Macht erfolgreicher Menschen besteht in der Kunst, immer da zu sein, wo und wann dasselbe sich am besten und am häufigsten ausüben lässt. Wir tun, was wir müssen, und nennen es mit so gutem Namen, wie wir können, und möchten gern das Lob haben, das Resultat beabsichtigt zu haben, welches sich daraus ergibt. Ich kann mich an keine Form des Menschen erinnern, die nicht zuweilen überflüssig wäre. Aber ist dies nicht jammervoll? Das Leben ist nicht des Annehmens wert, um es mit Späßen hinzubringen.

Natürlich bedarf es der ganzen Gesellschaft, um die Symmetrie hervorzubringen, die wir suchen. Das teilweise gefärbte Rad muss sich sehr schnell drehen, um weiß zu erscheinen. Etwas lernt man auch dadurch, dass man mit so vielen Torheiten und Mängeln zu tun hat. Kurz, wer auch immer verliert, wir sind dennoch immer von der gewinnenden Partei. Etwas Göttliches ist auch hinter unseren Fehlern und Torheiten verborgen. Die

Spiele der Kinder sind Unsinn, aber sehr belehrender Unsinn. So ist es mit den größten und ernstesten Dingen, mit dem Handel, der Regierung, der Kirche, der Ehe, und ebenso mit dem Lebensunterhalt jedes einzelnen Menschen und der Art, wie er dazu kommt. Einem Vogel gleich, der sich nirgends ruhig niederlässt, sondern beständig von Zweig zu Zweig hüpft, ist die Macht, die in keinem Mann und in keiner Frau ruhig verweilt, sondern einen Moment aus dem einen und den anderen Moment aus dem anderen spricht.

Aber was für Mittel gibt es gegen diesen äußeren Glanz und diese Pedanterie? Welche Mittel gegen den Gedanken? Das Leben ist keine Dialektik. Wir, denke ich, hätten in unseren jetzigen Zeiten genug Lehren über die Unzulänglichkeit der Kritik empfangen. Unsere Jugend hat viel über Arbeit und Reform nachgedacht und geschrieben, und trotz allem, was sie geschrieben hat, ist weder die Welt noch sie selbst um einen Schritt weitergekommen. Das Leben auf intellektuelle Weise kosten, wird nicht die Tätigkeit der Muskeln hemmen. Wenn ein Mensch die Richtigkeit des Weges in Betrachtung ziehen sollte, den das Stück Brot nimmt, das durch seinen Hals hinuntergleitet, würde er dabei verhungern. In den Erziehungsanstalten lag die edelste Lebenstheorie auf den edelsten Stirnen junger Männer und Mädchen ganz ohnmächtig und melancholisch. Diese Theorie würde nicht eine Tonne Heu zusammenrechen oder verpichen; sie würde kein Pferd abreiben; und die Männer und Mädchen ließe sie bleich und hungrig. Ein politischer Redner verglich sehr geistreich die Versprechungen unserer Gegenpartei mit den Wegen im Westen, die stattlich genug anfangen, auf jeder Seite mit Bäumen bepflanzt, um den Reisenden zu locken, aber bald enger und enger werden, endlich so schmal wie die Spur eines Eichhörnchens, und mit einem Baum aufhören. So ist es mit unserer Kultur; sie endet mit Kopfschmerzen. Unaussprechlich traurig und arm sieht das Leben für die aus, die noch vor einigen Monaten von dem Glanz dessen, was die Zeit verspricht, geblendet waren. »Es besteht jetzt keine rechte Ordnung im Handeln mehr noch sonst irgendetwas von Selbstverleugnung unter der Iranis.« Entgegnungen und Kritiken haben wir vollauf gehabt. Jede Ordnung des Lebens und Handelns hat Einwendungen zu erdulden, und die praktische Klugheit schließt aus den immerwährenden Einwendungen auf eine Indifferenz. Die ganze systematische Ordnung der Dinge predigt Indifferenz. Mache dich nicht durch vieles Denken verwirrt, sondern tue überall das, worauf du angewiesen bist. Das Leben ist nicht intellektuell oder kritisch, sondern kühn. Das meiste Gute wissen die bequemen Leute daraus zu ziehen, die sich an dem erfreuen, was sie ohne zu fragen finden können. Die Natur hasst das neugierige Gucken, und unsere Mütter sprechen genau dasselbe aus, wenn sie sagen: »Kinder, esst was ihr habt, und redet nicht lange darüber.« Die Stunde auszufüllen, das ist Glückseligkeit; die Stunde auszufüllen und keine Spalte für Reue oder Beifall zu lassen. Wir sind von Äußerlichkeiten umgeben, und die wahre Kunst des Lebens ist, mit Leichtigkeit über dieselben hinwegzugehen. Unter den ältesten, modrigsten Konventionen kommt ein Mensch mit natürlicher Kraft ebenso gut vorwärts wie in der neuesten Welt, und das durch die Geschicklichkeit in der Handhabung und Behandlung. Er hat allenthalben einen Halt. Das Leben selbst ist eine Mischung von Kraft und Form und duldet von keinem dieser beiden ein Übermaß. Den Augenblick zu beendigen, das Ende der Tagesreise bei jedem Schritt auf unserem Weg zu finden, so viele gute Stunden wie möglich zu verleben, das ist Weisheit. Es ist nicht Sache der Menschen, sondern der Fanatiker oder, wenn du willst, der Mathematiker, zu sagen, dass, die Kürze des Lebens betrachtet, es nicht wert sei, zu sorgen, ob man während so kurzer Dauer sich unter dem Mangel krümmt und windet oder eine hohe Stellung einnimmt. Da wir es nur mit dem Augenblick zu tun haben, lasst uns mit diesem geizen. Fünf Minuten heute sind für mich ebenso viel als fünf Minuten im nächsten Jahrtausend. Lasst uns uns im

Gleichgewicht erhalten und weise sein und uns selbst angehören im jetzigen Augenblick. Lasst uns gut gegen die Menschen sein; lasst uns sie behandeln, als wären sie reell: vielleicht sind sie es. Die Menschen leben in ihrer Einbildung wie Trunkene, deren Hände zu nachgiebig und zitternd sind, als dass ihre Arbeit eine erfolgreiche sein könnte. Es ist ein Sturm von Fantasien, und der einzige Ballast, den ich kenne, ist, Rücksicht auf die gegenwärtige Stunde zu nehmen. Ohne irgendeinen Schatten von Zweifel, mitten unter diesem Schwindel von äußerem Schein und Politik, befestige ich mich immer mehr in dem Glauben, dass wir nicht verschieben und hinweisen und wünschen sollten, sondern da, wo wir sind, frei Recht widerfahren lassen, mit wem wir es auch immer zu tun haben, indem wir unsere wirklichen Gefährten und Umstände, mögen sie auch gering oder uns verhasst sein, als die mystischen Amtspflichten hinnehmen, denen das Universum alle seine Freuden für uns überwiesen hat. Sind sie niedrig und ungünstig, so ist die richtige Erfüllung derselben, welches der letzte Sieg der Gerechtigkeit ist, ein befriedigenderes Echo für das Herz als die Stimme des Dichters und die ungewisse Sympathie von bewunderungswürdigen Menschen. Ich denke, dass, wenn ein gedankenvoller Mensch auch von den Mängeln und Albernheiten seiner Umgebung zu leiden hat, er dennoch nicht ohne Gehabe irgendeiner Anzahl von Männern und Frauen Gefühl für außerordentliches Verdienst absprechen kann. Die Rohen und Gehaltlosen haben einen Instinkt für Überlegenheit, wenn sie keine Sympathie dafür haben, und bezeugen derselben in ihrem verblendeten und wunderlichen Wesen aufrichtige Ehrerbietung.

Die feinen jungen Leute verachten das Leben, aber in mir und in allen denen, die mit mir von Verdauungsstörungen frei sind und denen ein Tag ein gesundes und solides Gut ist, findet sich ein zu großes Übermaß von allgemeiner Höflichkeit, um verächtlich aussehen zu können und nach Gesellschaft zu schreien. Ich bin durch die Sympathie etwas eifrig und sentimental geworden, aber lasst mich allein, und ich würde jede Stunde und was sie mir brächte zu genießen wissen, das, was zu essen gerade da ist, ebenso sehr als das verbrauchteste Gewäsch in der Schenkstube. Ich bin dankbar für die geringste Nachsicht. Mit einem meiner Freunde, der alles vom Universum erwartet und sich getäuscht sieht, wenn irgendetwas nicht ganz so gut ist wie das Beste, tauschte ich meine Ideen aus, und da fand ich, dass ich bei dem anderen Extrem anfange, indem ich nichts erwarte und immer voll Dank bin für das geringste Gute. Ich verwerfe nicht den Lärm und den Streit, den entgegengesetzte Neigungen hervorrufen. Ich finde meine Ausrechnung auch bei Dummköpfen und Plauderern. Sie verleihen dem umliegenden Bild etwas Wesenhaftes, was solch eine verschwindende meteorische Erscheinung schlecht entbehren kann. Am Morgen erwache ich und finde die alte Welt, Frau, Kinder und Mutter, Concord und Boston, die geliebte alte spirituelle Welt und selbst den geliebten alten Götzen nicht weit davon. Wenn wir nur immer das Gute nehmen wollen, was sich uns bietet, und nicht erst viel fragen, so werden wir vollauf haben. Die großen Gaben erhalten wir nicht durch Analyse. Alles Gute ist auf der Fahrstraße. Die mittlere Region unseres Seins ist die gemäßigte Zone. Wir mögen das weite und kalte Reich reiner Geometrie und lebloser Wissenschaft erklimmen oder in das der Empfindung hinabsinken. Zwischen diesen Extremen liegt der Äquator des Lebens, des Gedankens, des Geistes, der Dichtkunst – eine nahe Begrenzung. Dazu lehrt uns noch die allgemeine Erfahrung, dass alles Gute auf der Fahrstraße ist. Ein Sammler schaut in alle Bilderläden Europas hinein, um eine Landschaft von Poussin, eine Bleistiftzeichnung von Salvator zu finden; aber die Verklärung, das Jüngste Gericht, das letzte Abendmahl des heiligen Hieronymus – und vergleichbar Transzendentales – befindet sich an den Wänden des Vatikans, der Uffizien oder des Louvre, wo jeder Passant sie sehen kann; gar nicht zu reden von den Naturgemälden in jeder Straße, vom

Sonnenaufgang und Sonnenuntergang an jedem Tag und der Skulptur des menschlichen Körpers, die uns niemals fehlt. Ein Sammler kaufte kürzlich auf einer öffentlichen Auktion in London für hundertfünfundsiebzig Guineen eine Handschrift von Shakespeare, aber für nichts kann jeder Schulknabe den Hamlet lesen und kann Geheimnisse von höchster Wichtigkeit darin entdecken, die noch nicht offenbar sind. Ich denke, dass ich niemals andere als die allgemeinsten Bücher lesen werde, die Bibel, Homer, Dante, Shakespeare und Milton. Wir werden eines so öffentlichen Lebens und Planeten überdrüssig und laufen hierhin und dorthin, um Winkel und Geheimnisse zu erspähen. Die Fantasie erfreut sich an der markigen Kraft der Indianer, Schlingensteller und Pelztierfänger. Wir wähnen, dass wir Fremde sind und nicht so innig vertraut mit dem Planeten wie der Wilde, das wilde Tier und der wilde Vogel. Aber die Ausschließung trifft sie ebenso: trifft den klimmenden, fliegenden, gleitenden, befiederten und vierfüßigen Menschen. Fuchs und Murmeltier, Habicht und Schnepfe und Rohrdommel haben, näher betrachtet, nicht mehr Wurzeln in der geheimen Welt als der Mensch und sind gerade ebensolche außenseitigen Bewohner der Erdkugel. Denn die neue, auf Moleküle bezügliche Philosophie zeigt astronomische Zwischenräume zwischen Atom und Atom, zeigt, dass die Welt ganz Außenseite ist: Sie hat keine Innenseite.

Am besten ist es, mitten in der Welt zu leben. Die Natur, wie wir sie kennen, ist keine Heilige. Die Lichter der Kirche, die Asketiker, die Gento und Grahamiten*, sie hebt sie nicht durch die geringste Gunst hervor. Sie geht einher essend und trinkend und sündigend. Ihre Lieblinge, die Großen, die Starken, die Schönen, sind nicht Kinder unseres Gesetzes, kommen nicht aus der Sonntagsschule, noch halten sie ihre Nahrung für wichtig oder halten streng die Gebote. Wenn wir es mit ihrer Kraft genau nehmen wollen, müssen wir unsere Zuflucht nicht

* Im erweiterten Sinn: Hindus und Vegetarier.

zu so unerquicklichen Bedenklichkeiten nehmen, die noch dazu von denen anderer Nationen geborgt sind. Wir müssen die mächtige Gegenwart allem gewesenen oder kommenden Wutgerede entgegensetzen. So manche Dinge sind nicht festgesetzt, bei denen es von höchster Wichtigkeit ist, dass sie festgesetzt würden – und solange ihre Festsetzung nicht erfolgt, werden wir nicht anders handeln, als wie wir immer gehandelt haben. Während die Debatte über fairen Handel fortgeführt und vor einem oder zwei Jahrhunderten nicht beendigt werden wird, dürfen Alt- und Neu-England Läden haben. Das Gesetz über literarisches Eigentumsrecht soll diskutiert werden, auch international, und inzwischen werden wir unsere Bücher so teuer wie möglich verkaufen. Die Zweckdienlichkeit der Literatur, der Grund, den die Literatur für sich hat, die Gesetzlichkeit, einen Gedanken niederzuschreiben, steht in Frage; viel ist auf beiden Seiten zu sagen, und während der Kampf heiß wird, teuerster Gelehrter, hänge deiner törichten Arbeit nach, füge jede Stunde und auch dann und wann eine Zeile hinzu. Es wird über das Recht des Gutsbesitzers, über das Eigentumsrecht disputiert, und die Versammlungen werden einberufen, und bis das Votum abgegeben wird, bearbeite du deinen Garten und verwende, was du geerntet hast, als herrenloses Gut oder Gottesgabe für jeden reinen und schönen Zweck. Das Leben selbst ist eine Täuschung und ein Skeptizismus und ein Schlaf im Schlaf. Gib es zu, und viel mehr, als sie es wollen – aber du, Gottes Liebling, habe deinen alleinigen Traum für dich: du wirst nicht bei der Verhöhnung und dem Skeptizismus entbehrt werden: dazu sind ihrer genug. Bleibe du in deiner Verborgenheit und arbeite mühevoll, bis die Übrigen übereingekommen sind, was sie tun wollen. Deine Krankheit, sagen sie, und deine zarte Beschaffenheit erfordern, dass du dies tun oder das vermeiden musst, aber wisse, dass dein Leben ein vorübergehendes ist, ein Zelt für eine Nacht, und mache du, krank oder gesund, dieser Einschränkung ein Ende. Du bist krank, aber es soll nicht schlimmer mit dir werden, und das Weltall, dem du teuer bist, soll umso besser sein.

Das menschliche Leben ist aus den zwei Bestandteilen Macht und Form zusammengesetzt, und die Proportion muss unverändert festgehalten werden, wenn es angenehm und ungestört für uns sein soll. Jedes dieser Bestandteile im Übermaß führt ein Unheil herbei, das Leiden in dem Maße mit sich bringt, wie der Fehler groß ist. Jedes Ding geht aufs Übermaß hinaus: Jede gute Eigenschaft ist schädlich, sobald sie ungemischt ist, und um die Gefahr aufs Höchste zu bringen, lässt die Natur die Eigentümlichkeit jedes Menschen im Überfluss vorhanden sein. Hier auf den Farmen führen wir die Gelehrten als Beispiele für diese Untreue an. Sie sind die Opfer des Ausdrucks. Ihr, die ihr den Künstler, den Redner, den Dichter zu nahe seht und ihr Leben nicht ausgezeichneter findet als das von Mechanikern oder Farmern und sie selbst als Opfer der Parteilichkeit betrachtet, als nicht stichhaltig und durch Leidenschaften entstellt, und sie für Mängel erklärt – nicht für Helden, sondern für Marktschreier –, endigt sehr vernunftgemäß damit, dass diese Künste nicht für den Menschen sind, sondern dass sie Krankheit sind. Dennoch wird die Natur euch nicht in eurer Ansicht unterstützen. Die unwiderstehliche Natur machte sie zu dem, was sie sind, und wird alle Tage Legionen mehr solcher machen. Du liebst den Knaben, der in einem Buch liest, der eine Zeichnung oder eine Bronzestatue staunend ansieht: Aber was sind denn diese Millionen von Lesenden und Schauenden anders als beginnende Schriftsteller und Bildhauer? Vergrößere nur um ein Weniges diese Eigenschaft, die nun liest und sieht, und sie werden die Feder und den Meißel ergreifen. Und wenn nur einer sich erinnert, auf wie unschuldige Weise er anfing, ein Künstler zu werden, so wird er gewahr werden, dass die Natur in Übereinstimmung mit seinem Feind war. Der Mensch ist eine goldene Unmöglichkeit. Die Linie, die er zu gehen hat, ist ein Haar breit. Der Weise wird durch ein Übermaß von Weisheit zum Toren.

Wie leicht, wenn das Schicksal es wollte, könnten wir für immer diese schönen Grenzen festhalten und uns ein für allemal der vollkommenen Berechnung des Reiches der bewussten Ursache und Wirkung anpassen! Auf der Straße und in den Zeitungen erscheint das Leben als eine so reine Geschäftssache, dass hiernach gerechnet männliche Entschlossenheit und die Befolgung des Einmaleins durch alle Stürme hindurch den Erfolg sichern wird. Aber ach! Einmal kommt ein Tag – oder es ist nur eine halbe Stunde mit ihrem Engelsgeflüster –, der die Schlüsse von Nationen und von Jahren zunichtemacht! Morgen hat wieder jedes Ding ein wesenhaftes und eckiges Ansehen, die gewöhnlichen Standarten sind wieder aufgepflanzt, gesunder Menschenverstand ist so selten wie das Genie, ist die Basis für das Genie, und die Erfahrung gibt Hände und Füße für jegliches Unternehmen ab; und dennoch würde der, der seine Angelegenheiten nach dieser Auffassung hin betreiben wollte, sehr bald bankrott sein. Die Macht nimmt einen ganz anderen Weg als die Chausseen der Wahl und des Willens, nämlich die unterirdischen und unsichtbaren Tunnel und Kanäle des Lebens. Es ist lächerlich, dass wir Diplomaten, Doktoren und bedachtsame Leute sind: Es gibt keine größeren Narren. Das Leben ist ein fortwährendes Erstaunen, und es würde nicht des Annehmens oder Erhaltens wert sein, wenn es anders wäre. Gott findet es angemessen, uns jeden Tag zu isolieren und uns die Vergangenheit und Zukunft zu verbergen. Wir möchten gern um uns her sehen, aber mit großer Feinheit zieht er vor unsere Augen einen undurchdringlichen Vorhang vom reinsten Himmel und hinter uns einen ebensolchen vom reinsten Himmel. »Ihr werdet euch nicht erinnern«, scheint er zu sagen, »und ihr werdet euch keine Vorstellungen von der Zukunft machen.« Alle guten Unterhaltungen, Sitten und Handlungen kommen aus einer Spontaneität, welche die Gebräuche vergisst und den Augenblick groß macht. Die Natur hasst alles Kalkulieren; ihre Methoden springen hin und her und geben Impuls. Der Mensch lebt durch Pulsschläge, unsere organischen Bewegungen sind solche: Und die chemischen und ätherischen wirksamen Mittel sind wellenförmig und wechselseitig; und der Geist geht widerstrebend weiter und gedeiht niemals als durch schnelle Übergänge. Nur durch Zufälle kommen wir vorwärts. Unsere Haupterfahrungen waren zufällige. Die anziehendste Klasse von Menschen ist die, die gewaltig wirkt, aber versteckt und nicht durch unmittelbare Gewalt: Menschen von Genie, aber noch nicht autorisiert: Man hat die Freude an ihrem Licht, ohne eine zu große Steuer dafür zahlen zu müssen. Ihnen gehört die Schönheit des Vogels oder des Morgenlichts, nicht die der Kunst. Im genialen Gedanken findet sich immer etwas Überraschendes; und die Moralität kann sehr wohl »die Neuheit« genannt werden, denn sie ist niemals etwas anderes; ebenso neu für die älteste Intelligenz wie für das jüngste Kind – »das Reich, das nicht mit äußerlichen Gebärden kommt.« In gleicher Weise ist sie für den praktischen Erfolg gut, wenn nicht zu sehr die Absicht vorliegt. Der Mensch will nicht beobachtet sein, wenn er das tut, was er am besten tun kann. Es liegt ein gewisser Zauber über der ihm eigentümlichen Handlung, die eurer Macht des Beobachtens die Kraft nimmt; sodass, obgleich sie vor euren Augen geschieht, ihr nichts davon wisst. Der Kunst des Lebens ist eine Schamhaftigkeit eigen, sie will nicht öffentlich zur Schau gestellt sein. Jeder Mensch ist eine Unmöglichkeit, bis er geboren ist; jedes Ding ist unmöglich, bis wir einen Erfolg sehen. Der Eifer in der Frömmigkeit kommt schließlich mit dem kältesten Skeptizismus auf eins heraus, dass nichts von uns ist oder von unseren Werken, sondern dass alles von Gott ist. Die Natur will uns nicht den kleinsten Lorbeerzweig gestatten. Alles, was geschrieben wird, und alles, was wir tun und haben, kommt durch Gnade von Gott. Mit Freuden würde ich sittlich gut sein und rechtes Maß und Ziel halten, was ich sehr liebe, und dem Willen des Menschen das meiste zugeben, aber ich habe mir vorgenommen, in diesem Kapitel besonders ehrlich zu sein, und ich kann im Erfolg oder im

Misslingen immer nichts anderes sehen als etwas mehr oder weniger von der Lebenskraft, mit der der Ewige uns versorgt. Die Resultate im Leben sind unberechnet und unberechenbar. Die Jahre lehren viel, wovon die Tage nichts wissen. Die Personen, die unseren Umgang ausmachen, reden mit uns und kommen und gehen und beabsichtigen viele Dinge und führen dieselben aus, und etwas kommt aus dem allen, ein unvorhergesehenes Resultat. Der individuelle Mensch ist immer im Irrtum. Er hatte vieles vor und zog andere Menschen als Gehilfen herbei, stritt sich mit einigen oder mit allen, machte viele Schnitzer, und etwas ist daraus gekommen; alle sind sie um ein Weniges fortgeschritten, aber das Individuum ist immer im Irrtum. Die Sache hat eine neue Seite herausgekehrt, die aber dem, was er sich von ihr versprach, sehr unähnlich ist.

Die Alten, ergriffen von der Unfähigkeit der Elemente des menschlichen Lebens, sich berechnen zu lassen, erhoben den Zufall zu einer Gottheit, aber das bedeutet, zu lange bei dem Funken stehen zu bleiben, der an einem Punkt wahrhaft glänzt, denn das Universum ist durchwärmt von ein und demselben Feuer, das überall verborgen ist. Das Wunder des Lebens will nicht erklärt werden, sondern will ein Wunder bleiben, führt ein neues Element ein. Mir ist, als hätte Sir Everard Home bemerkt, dass bei dem Wachstum des Embryos die Entwicklung nicht von einem zentralen Punkt aus vor sich ginge, sondern von drei oder mehr Punkten aus, die zusammenwirken. Das Leben hat keine Erinnerung. Das, was der Reihe nach vor sich geht, mag im Gedächtnis behalten werden, aber das, was gleichzeitig da ist oder aus einer tieferen Ursache hervorgeht, kennt, ebenso weit wie es noch dem Bewusstsein fern ist, auch nicht seine eigene Tendenz. So ist es mit uns, die wir bald skeptisch oder ohne Einheit sind, weil wir uns in Formen oder Effekte versenken, die alle von gleichem und dennoch widerstrebendem Wert zu sein scheinen; und bald religiös, während wir das geistige Gesetz empfangen. Ertrage diese Sonderung, dieses gleichzeitige Wachsen der Teile: Sie werden eines Tages *Glieder* sein und einem Willen gehorchen. Auf den einen Willen, auf jene geheime Ursache hin lenken sie unsere Aufmerksamkeit und unsere Hoffnung. Das Leben ist hierdurch auf eine Erwartung oder eine Religion zurückgeführt. Unter diesen unharmonischen und banalen Einzelheiten ist eine musikalische Vollkommenheit verborgen, das uns stets begleitende Ideal, der Himmel ohne Riss oder Spalte. Beobachte nur die Art und Weise unserer Erleuchtung. Wenn ich mich mit einem tiefen Geist unterhalte oder wenn zu irgendeiner Zeit, wo ich allein bin, mir gute Gedanken kommen, so gelange ich nicht auf einmal zur Befriedigung, wie wenn ich Wasser trinke, sobald ich durstig bin, oder ans Feuer trete, wenn mich friert: nein! Sondern ich muss erst genau wissen, wie nahe ich einer neuen und vollendeten Region des Lebens bin. Durch anhaltendes Lesen oder Denken gibt diese Region weitere Zeichen von sich, gleichsam in Lichtblitzen, in plötzlichen Entdeckungen ihrer tiefen Schönheit und Ruhe, als ob die Wolken, die sie bedeckten, sich zuzeiten teilten und dem sich nahenden Reisenden die inländischen Berge zeigten, mit den ruhigen ewigen Wiesen, die sich am Fuß derselben ausbreiten, auf denen Herden weiden und Schäfer die Flöte blasen und tanzen. Aber jeder Einblick, von diesem Reich des Gedankens aus getan, wird als etwas, was im Entstehen ist, gefühlt und verspricht eine Folge. Ich bringe es nicht hervor; ich gelange dorthin und schaue, was schon da war. Ich hervorbringen – o nein! Ich klatsche in die Hände in kindlicher Freude und Erstaunen vor dem, was sich mir zuerst von dieser großen Herrlichkeit auftut, alt geworden mit der Liebe und Verehrung unzähliger Jahrhunderte, jung mit dem Leben des Lebens, dem sonnigen Mekka der Wüste. Und welche Zukunft eröffnet sie! Ich fühle ein neues Herz in mir schlagen mit der Liebe zur neuen Schönheit. Ich bin bereit, der Natur abzusterben und dieser neuen wieder eingeboren zu werden, doch unnahbar habe ich Amerika im Westen gefunden –

»Weil weder heut noch gestern hat begonnen
Jener Gedanke, welcher immer war, noch soll
Der Mensch gefunden werden, der sein erst
Erscheinen kennt.«*

Wenn ich das Leben als einen Zusammenfluss von Gesinnungen beschrieben habe, so muss ich nun hinzufügen, dass ebenfalls das in uns ist, was nicht wechselt und was allen Empfindungen und Gemütszuständen ihren Platz anweist. Das Selbstbewusstsein in jedem Menschen ist eine fortlaufende Skala, die ihn bald mit dem Urgrund aller Dinge, bald mit dem Fleisch seines Körpers gleich macht; Leben über Leben, in unendlichen Abstufungen. Das Gefühl, aus dem sie entsprang, bestimmt den Wert jeder Tat, und die Frage ist immer, nicht, was du getan oder unterlassen hast, sondern auf wessen Befehl du es getan oder unterlassen hast.

Fortuna, Minerva, Muse, heiliger Geist – dies sind wunderbare Namen, zu begrenzt, um für diese unbeschränkte Substanz ausreichend zu sein. Der armselige Verstand muss noch vor dieser Ursache knien, die sich nicht will nennen lassen, unaussprechliche Ursache, die jedes feinere Genie in irgendeinem emphatischen Symbol darzustellen versucht hat, wie Thales durch Wasser, Anaximenes durch Luft, Anaxagoras durch (νοῦς) den Gedanken, Zoroaster durch Feuer, Jesus und die Neueren durch Liebe, und die Metapher eines jeden ist zu einer nationalen Religion geworden. Der Chinese Mengzi ist nicht am wenigsten erfolgreich in seiner Verallgemeinerung gewesen. »Ich verstehe vollkommen die Sprache«, sagt er, »und nähre hinlänglich meine vollströmende Lebenskraft.« – »Ich möchte fragen, was du vollströmende Lebenskraft nennst?«, sagte sein Gefährte. »Die Erklärung«, erwiderte Mengzi, »ist schwierig. Diese Lebenskraft ist besonders groß und im höchsten Grade unnachgiebig. Nähre sie, wie sich's gehört, und tue ihr kein Un-

* Aus Sophokles' *Antigone* adaptiert, ihre Worte.

recht an, so wird sie die Kluft zwischen Himmel und Erde ausfüllen. Diese Lebenskraft stimmt mit der Gerechtigkeit und der Vernunft überein, hilft ihr und lässt keinen hungrig.« In unserer verbesserten Schreibart geben wir dieser Verallgemeinerung den Namen des Seins und bekennen damit, dass wir so weit gekommen sind, wie wir gehen können. Genüge es für das Wohl des Weltalls, dass wir nicht bei einer Mauer angelangt sind, sondern bei endlosen Ozeanen. Unser Leben erscheint nicht so sehr gegenwärtig als voraussehend; nicht wegen der Angelegenheiten, auf die wir unsere Zeit zubringen, sondern als Wink dieser vollströmenden Lebenskraft. Meistens scheint das Leben eine bloße Ankündigung von der Fähigkeit des Geistes zu sein: Die Kunde ist uns aber nicht geworden, dass wir uns wohlfeilen Kaufs dahingeben, sondern damit wir groß sind. So besteht im Einzelnen unsere Größe immer in einer Neigung oder Richtung, nicht in einer Handlung. Es ist unsere Sache, an die Regel und nicht an die Ausnahme zu glauben. Die Edlen werden auf diese Weise aus der Menge der Unedlen heraus erkannt. Indem wir uns so vom Gefühl leiten lassen, so lassen wir uns damit nicht sagen, was wir in Hinsicht auf die Unsterblichkeit der Seele oder dem ähnliches zu glauben haben, sondern *der allgemeine Impuls zu glauben*, das ist der materielle Umstand und das hauptsächliche Faktum in der Geschichte des Erdballs. Sollen wir diese Ursache als das hinstellen, was unmittelbar wirkt? Der Geist ist nicht hilflos oder mittelbarer Organe bedürftig. Er besitzt eine unendliche Machtvollkommenheit und wirkt unmittelbar. Ich bin verstanden, ohne dass ich mich erkläre, und erkannt, ohne dass ich zu handeln brauche, auch wo ich nicht bin. Daher haben alle rechten Menschen an ihrem eigenen Lob genug. Sie verweigern sich, zu erklären, und es genügt ihnen, dass neue Handlungen ihrerseits dies Amt übernehmen. Sie glauben, dass wir ohne Sprache und über Sprache erhaben uns mitteilen können und dass keine unserer rechten Handlungen unsere Freunde unbewegt lässt, wie weit diese auch von uns entfernt sein mögen;

denn der Einfluss, den eine Handlung hat, lässt sich nicht nach Meilen ermessen. Warum sollte ich mich quälen, wenn ein Umstand eintritt, der meine Gegenwart da verhindert, wo ich erwartet war? Wenn ich nicht beim Treffen zugegen bin, so sollte meine Gegenwart da, wo ich bin, ebenso nützlich für das Gemeinwohl der Freundschaft und Weisheit sein als meine Gegenwart an jenem Ort. Ein und dieselbe Machtausübung steht mir überall zu Gebot. So geht das mächtige Ideal uns immer voran; niemals hat man erlebt, dass es als Nachtrab gekommen wäre. Keiner gelangte jemals zu einer Erfahrung, die ihn befriedigt hätte, sondern das Gute, was sie ihm bringt, ist, dass sie ihn auf eine bessere hinweist. Weiter und weiter! In Momenten, wo wir frei sind, wissen wir, dass eine neue Ansicht vom Leben und der Pflicht etwas Mögliches ist; die Bestandteile von einer Lehre des Lebens, die alles, was bis jetzt darüber geschrieben ist, übertrifft, existieren schon in manchen Gemütern um dich her. Die neue Behauptung wird sowohl den Skeptizismus wie den Glauben der Gesellschaft in sich schließen, und aus dem Unglauben wird ein neuer Glaube gebildet werden. Denn der Skeptizismus ist nicht willkürlich oder gesetzlos, sondern ist die Begrenzung von dem bejahenden Status, und die neue Philosophie muss ihn mit in sich begreifen und Bejahungen außen um ihn herumziehen, gerade wie sie den ältesten Glauben mit einschließen muss.

Es ist eine sehr traurige Entdeckung, die wir gemacht haben, aber zu spät, als dass es noch etwas helfen könnte, nämlich dass wir existieren. Diese Entdeckung wird der Sündenfall genannt. Immer nachher argwöhnen wir unsere Kreatürlichkeit. Wir haben gelernt, dass wir nicht unmittelbar, sondern mittelbar sehen und dass uns keine Mittel zu Gebote stehen, um diese farbigen und entstellenden Linsen, die wir sind, von ihren Fehlern zu reinigen oder die Summe ihrer Irrtümer zu berechnen. Vielleicht haben diese Subjekt-Linsen eine schöpferische Kraft in sich; vielleicht sind sie keine Objekte. Einst lebten wir in dem, was wir sahen; nun lassen wir uns in die Raubgier dieser neuen Macht ein, die alle Dinge zu absorbieren droht. Natur, Kunst, Personen, Literatur, religiöse Gebräuche und andere Dinge kommen der Reihe nach vor, und Gott ist nur das Eine, worin sich alle diese Begriffe vereinigen. Natur und Literatur sind subjektive Phänomene; jedes böse und jedes gute Ding ist ein Schatten, den wir werfen. Die Straße ist voll von Demütigungen für die Hochmütigen. Wie der Geck sich ausdachte, seine Büttel in seine Livree kleiden und von ihnen seine Gäste bei Tisch bedienen zu lassen, so nimmt der Unmut, den das böse Herz als eine unbedeutende Sache von sich gibt, auf einmal die Form von Herren und Damen auf der Straße an, von Krämern oder Kellnern in einem Hotel, und bedrohen oder beleidigen alles, was in uns zu bedrohen oder zu beleidigen ist. Ganz dasselbe ist es mit unserer Idolatrie. Die Leute vergessen immer, dass es das Auge ist, welches den Horizont bildet, und das Auge des abrundenden Geistes, welches diesen oder jenen Menschen zu einem Vorbild oder Vertreter der Humanität macht, mit dem Namen eines Helden oder Heiligen. Jesus, der »Mann der Vorsehung«, ist ein rechter Mensch, über den viele sich dahin einigen, dass diese optischen Gesetze durch ihn ihre Wirkung zeigen werden. Durch Liebe auf der einen Seite und durch Schonung, die keine Vorwürfe machen will, auf der anderen Seite sind wir für jetzt der Meinung, dass wir ihn als den Mittelpunkt des Gesichtskreises anzusehen und ihm die Eigenschaften zuzuschreiben haben, die jeder Mensch, in dem Licht gesehen, besitzen wird. Die größte Liebe oder Abneigung findet einen schnellen Ausdruck. Das große und wachsende Ich, das in der absoluten Natur wurzelt, untergräbt alle relative Existenz und zerstört das Reich irdischer Freundschaft und Liebe. Die Ehe (wenn man die geistige Welt damit meint) ist etwas Unmögliches, wegen der Ungleichheit zwischen jedem Subjekt und jedem Objekt. Das Subjekt ist der Empfänger göttlichen Wesens und muss in jedem Verhältnis sich durch diese verborgene Macht erhoben fühlen. Wenn nicht durch Energie, so doch durch ein Gegenwärtigsein kann dieses Magazin von Substanz gar nicht anders als gefühlt werden: noch kann irgendeine Macht des Verstandes dem Objekt die eigentümliche Gottheit zuschreiben, die in jedem Subjekt schlummert oder lebendig ist. Niemals kann Liebe das innere Bewusstsein und die Zuschreibung gleich an Kraft machen. Dieselbe Kluft wird zwischen jedem mir und dir sein, die zwischen dem Original und dem Gemälde besteht. Das Universum ist die Braut des Menschen. Jede stille Sympathie ist einseitig. Zwei menschliche Wesen sind Kugeln gleich, die nur an einem Punkt sich berühren können, und solange sie in Berührung bleiben, sind alle anderen Punkte jeder der Sphären in Untätigkeit; die Reihe muss an diese ebenfalls kommen, und je länger eine solche einzelne Verbindung bleibt, desto mehr Energie des Verlangens erfordern die Teile, die nicht in dieser Verbindung sind.

Das Leben will im Geist abgebildet sein, aber es lässt sich nicht teilen oder verdoppeln. Jede Störung dieser Einheit würde ein Chaos sein. Die Seele ist nicht zwillingsbürtig, sondern die eingeborene, und obgleich sie sich als Kind der Zeit, als Kind der Erscheinung offenbart, so ist sie doch von einer notwendigen und universalen Macht, die kein Mit-Leben zulässt. Jeder Tag, jede Handlung zeugt von der schlecht verborgenen Gottheit. Wir haben ein Zutrauen zu uns selbst, wie wir es nicht zu anderen haben. Uns selbst erlauben wir alle Dinge, und das, was wir Sünde in anderen nennen, ist für uns nur ein Experiment. Es ist ein Beispiel von unserem Glauben an uns selbst, dass die Menschen nie auf so leichte Weise vom Verbrechen sprechen wie denken. Oder jeder Mensch hält einen Spielraum für sich selbst für sicher, der keinem anderen zugestanden werden sollte. Das Tun sieht sehr verschieden auf der Innenseite und auf der Außenseite aus; in seiner Beschaffenheit und in seinen Folgen. Der Mord ist dem Mörder kein solch störender Gedanke, wie Dichter und Romanschreiber ihn sich immer vorstellen, er verwirrt ihn nicht oder schreckt ihn von seiner gewöhnlichen Aufmerksamkeit für Kleinigkeiten ab: Es ist ein Akt, der sich ganz leicht betrachten lässt, aber in seiner Folge sich als ein schrecklicher Zwiespalt und ein In-Unordnung-bringen aller Verhältnisse erweist. Besonders alle Verbrechen, die aus Liebe entspringen, wirken recht und schön vom Gesichtspunkt des Täters aus betrachtet, werden aber, wenn sie begangen sind, als Unheil bringend für die Gesellschaft befunden. Kein Mensch glaubt endlich, dass er verloren sein könne, noch dass das Verbrechen bei ihm so schwarz ist wie bei dem Kapitalverbrecher; weil der Verstand bei unserem eigenen Fall das moralische Urteil modifiziert. Denn für den Verstand gibt es kein Verbrechen. Der ist antinomistisch und hypernomistisch und beurteilt das Gesetz ebenso wohl wie das Faktum. »Es ist schlimmer als ein Verbrechen, es ist ein Fehler«, sagte Napoleon, die Sprache des Verstandes sprechend. Für ihn ist die Welt eine mathematische Aufgabe oder die Wissenschaft von den Größen, und er schließt Lob und Tadel und jede ungesunde leidenschaftliche Aufregung aus. Alles Stehlen ist relativ. Mit Blick auf das Absolute sage mir, wer stiehlt nicht? Die Heiligen sind traurig, weil sie die Sünde (selbst wenn sie nachsinnen) vom Gesichtspunkt des Gewissens und nicht von dem des Verstandes aus betrachten; eine Gedankenverwirrung. Die Sünde vom Gedanken aus betrachtet ist eine Schmälerung oder *weniger*: vom Gewissen oder dem Willen aus gesehen ist sie eine Verderbtheit oder *schlecht*. Der Verstand nennt sie Schatten, Abwesenheit des Lichts, und kein Wesen. Das Gewissen muss sie als Wesen fühlen, als wesentlich Böses. Dies ist sie nicht: Sie hat eine objektive Existenz, aber keine subjektive.

So trägt das Universum unvermeidlich unsere Farbe, und jedes Objekt findet folgerichtig sein Subjekt. Das Subjekt existiert, das Subjekt erweitert sich; alle Dinge werden früher oder später ihren Platz finden. Wie ich bin, so sehe ich; mögen wir welche Sprache wir wollen zu Hilfe nehmen, wir können doch niemals etwas anderes sagen als was wir sind; Hermes, Kadmos, Kolumbus, Newton, Bonaparte sind des Geistes Beherrscher.

Anstatt eine Armut zu fühlen, wenn wir einem großen Mann begegnen, lasst uns den neuen Ankömmling wie einen reisenden Geologen behandeln, der durch unseren Staat reist und uns guten Schiefer oder Kalkstein oder Glanzkohle auf unserer glatten Wiese zeigt. Das besondere Handeln eines jeden mächtigen Geistes nach einer Richtung hin ist ein Teleskop für die Gegenstände, auf die es gerichtet ist. Aber jede andere Seite des Wissens muss zu demselben Übermaß gebracht werden, ehe die Seele zu der gehörigen Kugelform gelangt. Siehst du die kleine Katze, die so allerliebst mit ihrem eigenen Schwanz spielt? Wenn du mit ihren Augen sehen könntest, möchtest du sie vielleicht von hundert Gestalten umgeben sehen, die verwickelte Dramen aufführen, mit tragischem und komischem Ausgang, langen Gesprächen, vielen Charakteren, manchem Auf und Nieder des Schicksals – und unterdessen ist es nur Miezekatz und ihr Schwanz. Wie lange vorher, ehe unsere Maskerade mit ihren lärmenden Tambourins, ihrem Gelächter und ihrem Jauchzen zu Ende sein wird, haben wir gefunden, dass es ein einsames Spiel war? Ein Subjekt und ein Objekt – es gehört so viel dazu, den galvanischen Kreislauf komplett zu machen. Was liegt daran, ob es Kepler und die Planeten, Kolumbus und Amerika, ein Leser und sein Buch oder Miezekatz mit ihrem Schwanz ist.

Es ist wahr, dass alle Musen und Liebe und Religion diese Darstellung hassen und einen Weg finden werden, den Chemiker zu bestrafen, der die Geheimnisse des Laboratoriums im Wohnzimmer ausplaudert. Und wir können nicht zu wenig von dem uns innewohnenden Bedürfnis sagen, die Dinge aus persönlicher Perspektive oder durchtränkt von unseren Launen zu betrachten. Und dennoch ist diesen kalten Felsen das Ideal eingeboren. Dieses Bedürfnis macht in der Moral die Haupttugend des Selbstvertrauens aus. Wir müssen uns gezwungenermaßen, wenn auch ärgerlich, zu diesem Mangel bekennen und durch eine nachdrücklichere Sammlung unserer selbst, nach der Tatenbegier, unsere Achse standhafter beherrschen. Das Leben der Wahrheit ist kalt und insofern traurig; aber es ist nicht der Sklave von Tränen, Zerknirschungen und Leidenschaftlichkeit. Es wagt sich nicht an eines andern Arbeit, noch eignet es sich die Tatsachen eines anderen an. Es ist eine Hauptlehre der Weisheit, dein eigenes von dem eines anderen zu unterscheiden. Ich habe gelernt, dass ich nicht über anderer Leute Tatsachen verfügen kann; aber ich besitze einen solchen Schlüssel zu meinen eignen, der mich trotz allen Leugnens davon überzeugt, dass sie auch einen Schlüssel zu den ihrigen haben. Eine mitfühlende Person ist in das Dilemma eines Schwimmers unter ertrinkenden Menschen versetzt, die sich alle an ihn anhängen wollen, und wenn er ihnen auch nur ein Bein oder einen Finger hinhält, so ziehen sie ihn mit hinunter. Sie wollen gern von dem Unheil, was ihre Laster mit sich bringen, errettet sein, aber nicht von ihren Lastern selbst. Die christliche Liebe würde zugrunde gehen über diesem armseligen Warten auf die Symptome. Ein kluger und fester Arzt wird sagen: *Mache dich davon frei*, als erste Bedingung zu weiterer Überlegung.

In diesem unserem gesprächigen Amerika gehen wir durch unsere Gutmütigkeit und unser Hören nach allen Seiten hin zugrunde. Diese Willfährigkeit nimmt uns die Macht, in großartiger Weise nützlich zu sein. Kein Mensch sollte imstande sein, anders als unmittelbar oder geradeheraus zu sehen. Eine nachdenkliche Aufmerksamkeit ist die einzige Antwort auf die zudringliche Nichtigkeit anderer Leute: eine Aufmerksamkeit, und zu einem Zweck hin, der ihre Bedürfnisse nichtig macht. Dies ist eine göttliche Antwort, die keine Anklage und keine üblen Gedanken zurücklässt. In Flaxmans Zeichnungen zu den Eumeniden des Aischylos fleht Orestes den Apollo an, während die Furien am Eingang schlafen. Das Antlitz des Gottes hat einen kaum merklichen Ausdruck von Bedauern und Mitleid, aber eine Ruhe durch die Überzeugung von der Unvereinbarkeit der zwei Sphären. Er ist für eine andere Politik geboren, für das Ewige und Schöne. Der Mann zu seinen Füßen bittet ihn, dass er Anteil an den Plackereien dieser Erde nehme, auf die seine Natur nicht eingehen kann. Und die daliegenden Eumeniden drücken bildlich diese Verschiedenheit aus. Dem Gott fällt sein göttliches Schicksal zur Last.

Täuschung, Temperament, Nachfolge, Außenseite, Erstaunen, Wirklichkeit, Subjektivität, dies sind Fäden am Webstuhl der Zeit, dies sind die Herren des Lebens. Ich darf mir nicht anmaßen, ihnen ihren Stand anzuweisen, aber ich gebe ihnen einen Namen wie ich sie auf meinem Weg finde. Ich weiß sehr wohl, dass ich für mein Bild keine Vollkommenheit beanspruchen kann. Ich bin ein Fragment, und dies ist ein Fragment von mir. Ich kann sehr zuversichtlich das ein oder andere Gesetz, das sich in Relief und Form darstellt, verkündigen, aber ich bin noch um einige Jahrhunderte zu jung, um ein Gesetzbuch zu verfassen. Ich schwatze für meine Zeit über das, was die ewige Politik betrifft. Manch schöne Bilder habe ich nicht umsonst gesehen. Eine wundervolle Zeit habe ich durchlebt. Ich bin der Neuling nicht mehr, der ich noch vor vierzehn oder siebzehn Jahren war. Lass jeden fragen der will, wo die Frucht ist? Ich finde eine verborgene Frucht genügend. Dies ist eine Frucht, in der würde ich keine schnelle Wirkung von Nachdenken, Ratschlägen und zusammengefassten Wahrheiten suchen. Ich hielte es für jämmerlich, zu verlangen, dass diese Stadt und Provinz ein Resultat erzielen, dass der laufende Monat und das laufende Jahr eine offenbare Wirkung hervorbringen sollte. Die Wirkung ist tief und profan wie die Ursache. Ihr Einfluss macht sich in Phasen bemerkbar, in denen die menschliche Lebenszeit verloren geht. Alles, was ich weiß, ist Empfangung; ich bin und ich habe: aber ich erhalte nichts durch eigenes Verdienst, und wenn ich jemals wähnte, ich hätte etwas auf diese Weise erlangt, so habe ich immer nachher gefunden, dass es nicht so war. Ich verehre staunend den großen Reichtum. Ich habe so viel empfangen, dass es mich nicht stören würde, dies oder das überreichlich zu erhalten. Ich sage zum Genius, wenn er das Sprichwort verzeihen will: *Wenn man dem Teufel den kleinen Finger gibt, so nimmt er die ganze Hand.** Wenn ich eine neue Gabe empfange, so kasteie ich nicht meinen Körper, um die Rechnung auszugleichen; denn wenn ich auch sterben sollte, so könnte ich doch die Rechnung nicht ausgleichen. Die Segnung überstieg das Verdienst vom ersten Tag an und hat es seitdem immer überstiegen. Das Verdienst selbst, das sogenannte, halte ich für einen Teil des Empfangens.

So scheint mir auch das ungeheure Verlangen nach einer offenbaren oder praktischen Wirkung eine Apostasie. In vollem Ernst bin ich gewillt, mir diese unnötige Arbeit zu sparen. Das Leben hat für mich ein unwirkliches Ansehen. Die härteste, raueste Handlung ist ebenfalls unwirklich. Es ist nur eine Wahl zwischen sanften und unruhigen Träumen. Die Leute würdigen das Wissen und das intellektuelle Leben herab und legen das stärkste Gewicht auf das Tun. Ich bin sehr zufrieden mit dem Wissen, wenn ich nur wissen könnte. Das ist eine erhabene Unterhaltung, die mir für lange Zeit genügen würde. Nur weniges zu wissen, würde wert sein, dass man diese Welt dafür hingäbe. Ich höre immer das Gesetz der Adrastea, »dass jede Seele, die irgendeine Wahrheit erlangt habe, vor Leiden geschützt sein solle bis zu einer kommenden Zeit«.

Ich weiß, dass die Welt, mit der ich in der Stadt und auf der Farm verkehre, nicht die Welt ist, die ich *denke*. Ich bemerke diese Verschiedenheit und soll sie bemerken. Eines Tages werde ich den Wert und das Gesetz dieses Widerspruchs erkennen. Aber ich habe nicht gefunden, dass durch manipularische Versuche, die Welt des Gedankens zu realisieren, viel erreicht worden wäre. Manche Menschen, die von Eifer beseelt sind, unternehmen wiederholte Versuche dahingehend und machen sich lächerlich. Sie nehmen demokratisches Verhalten an, sie wüten mit dem Mund, sie hassen und vernei-

* In for a mill, in for a million.

nen. Schlimmer von dem, was ich bemerke, ist das, dass in der Geschichte der Menschheit sich niemals ein einzelnes Beispiel von Erfolg findet, nach ihren eigenen Proben von Erfolg betrachtet. Ich sage dies polemisch oder in Erwiderung auf die Frage, warum erkennt ihr eure Welt nicht? Aber fern sei mir die Verzweiflung, über das Gesetz vorschnell durch eine armselige Empirie zu urteilen – denn niemals ist ein richtiges Bestreben dagewesen, das nicht erfolgreich gewesen wäre. Geduld und wieder Geduld werden wir schließlich erlangen. Wir müssen sehr den Betrug des Faktors Zeit argwöhnen. Er benötigt ein gut Teil Zeit, zu essen oder zu schlafen oder hundert Dollar zu erwerben, und sehr wenig Zeit, eine Hoffnung und eine Einsicht zu hegen, die das Licht unseres Lebens wird. Wir pflanzen in unserem Garten, essen unser Mittag, sprechen über die Haushaltung mit unseren Frauen – und diese Dinge machen keinen Eindruck auf uns, sind in der nächsten Woche vergessen; aber in der Einsamkeit, zu der jeder Mensch wieder zurückkehrt, hat er einen gesunden Verstand und Offenbarungen, die ihn begleiten werden, indem er in neue Welten übergeht. Beachte nicht das Lächerliche, beachte nicht die Niederlage: Erhebe dich wieder, altes Herz!, scheint es zu sagen, es gibt noch einen Sieg für alles, was gerecht ist; und das wahre Märchen, zu dessen Realisierung die Welt existiert, wird die Verwandlung des Genius in die ausübende Macht sein.

Quellenverzeichnis

Die Übersetzungen dieses Bandes entstammen unterschiedlichen Quellen und wurden für diese Ausgabe behutsam überarbeitet und auf neue Rechtschreibung umgestellt.

NATUR (engl. *Nature*, 1836), aus RWE: *Die Natur. Ein Essay.* Übersetzt von Adolph Holtermann. Hannover: Carl Meyer 1868.

SELBSTVERTRAUEN [Selbständigkeit] (engl. *Self-Reliance*, 1841), aus RWE: *Essays.* Übersetzt von Karl Federn und Thora Weigand. Drei Teile in einem Bande. Erster Teil. Halle a. S.: Otto Hendel [o. J.], übersetzt von Karl Federn.

KREISE (engl. *Circles*, 1841), aus RWE: *Essays.* Übersetzt von Karl Federn und Thora Weigand. Drei Teile in einem Bande. Dritter Teil. Halle a. S.: Otto Hendel [o. J.], übersetzt von Thora Weigand.

DER DICHTER (engl. *The Poet*, 1844), aus RWE: *Essays.* Übersetzt von Karl Federn und Thora Weigand. Drei Teile in einem Bande. Erster Teil. Halle a. S.: Otto Hendel [o. J.], übersetzt von Karl Federn.

Erfahrung (engl. *Experience*, 1844), aus RWE: *Versuche (Essays).* Übersetzt von Gustav Fabricius. Hannover: Carl Meyer 1858.